走進字母的軌跡

從26個英文字母的筆跡分析性格特質

林婉雯 著

序

這是一本關於筆跡心理分析的技巧書。

「技巧」二字聽起來讓人有點卻步，似乎需要花長時間學習。筆跡心理分析從來都是一項循證實踐的學習，屬經驗之談，若花了時間卻只了解皮毛，難免會令人失望。有見及此，我從使用者的角度出發，回到基本步，從英文字母開始討論筆跡心理分析。二十六個英文字母雖形態各異，實際上卻蘊含著特定的意義。不論大寫或小寫，還是書寫工具的選擇，都有不同的暗示。本書以這二十六個字母為主，附以不同的字母書寫形態，方便大家作對比，從中找出與自己寫法相似的字形，了解自己隱藏的性格特質。

或許大家會問，為什麼不同的字母會有不同的意義？我追溯其源，從字母的演變中探索每一筆每一畫背後的故事，並以筆跡心理學進行解讀。這些字母背後蘊含著悠久的歷史，不僅僅是統計學的結果，更反映了文化的演變。

在過去六年，我從英文筆跡心理分析的角度，分別出版了六本著作：

- 《你有多久沒寫字？原來筆跡能反映你的個性！》首次介紹筆跡心理分析的基本概念及日常應用，並探討其在國際上的專業地位。

- 《原來筆跡藏著心底話！21堂成長必修的筆跡課》通過不同階段的手寫字，介紹筆跡心理分析的基本技巧。

- 《你是誰？我是誰？解讀人心的筆跡秘密》通過筆跡心理分析，讓大家更深入地了解自己，發掘個人天賦，並從筆跡了解精神健康的狀況。

- 《職場筆跡知你我：不可不知的筆跡分析技巧》從筆跡探討職場打工之道與企業管理，並介紹如何從簽名了解簽名者的特質。

- 《筆跡心理學：兩性關係的秘密》談到如何從手寫字了

解與處理兩性關係，協助書寫人從客觀的角度理解伴侶之間的價值觀與溝通喜好，從而改善關係。

·《筆跡心理分析之職涯規劃篇：你找到合適的工作嗎？》以不同的心理學理論與相關的筆跡分析技巧，幫助書寫人多角度了解自己的職涯傾向。

從基本的概念與理論，到應用在人生不同階段，再回到基本步，從執筆書寫英文字母出發。回顧西方筆跡心理分析分別來自法國與德國的分析系統，讓我們深入理解筆跡心理分析這個專業，為西方筆跡心理分析系統作一總結。

這既是一個總結，亦是一個開始。通過前人的智慧，讓我們了解筆跡心理分析的本質與意義。知識是需要傳承的，面向將來，我們更該思索如何將西方的筆跡心理分析系統化地用於中文手寫字上。從去年出版的《筆跡心理分析之職涯規劃篇：你找到合適的工作嗎？》開始，我與研究團隊不斷收集華人筆跡手稿，並在書中刊載了初步結論，希望引起更多公眾關注。我們正持續收集中、英文手稿，目的是建立一個屬於華人社會的筆跡數據庫，希望在往後的日子裡，能為大家呈現一個中文筆跡心理分析的系統，為華人社會作出貢獻。我期待大家的參與。

由二〇一九年出版第一本關於筆跡心理分析的書，到今年第七本書，一切得來不易。這不單是知識的分享，更重要的是得到各方好友與讀者的支持，讓喜歡筆跡心理分析的朋友能通過循證實踐的學習，對筆跡心理分析有進一步了解，在此多謝大家。

藉此機會，我要特別多謝數位好朋友多年來的支持，她們從我生起要出版筆跡心理分析著作的念頭開始，一直幫忙從不同途徑收集手稿。每年書展的簽名會，她們都必定到場支持。去年其中一位甚至在身體虛弱的時候，也來到書展的簽名會。除了對她們由衷感謝以外，也多謝本書的編輯與設計師，將她們的筆跡手稿特別設為書中扉頁設計，以作留念。過往我從筆跡專家的角度，一直告訴大家手寫字從沒美醜之分，不過她們的手寫字，從我個人的角度來看，就是美，美在心，美在簡單而直接。在她的手寫字中，我看到一個共通點：基線（Baseline）的底部呈現著微微的曲線，就如主動伸出雙手與他人聯繫；垂直的筆畫往下延伸，清晰可見，這大概表達了對朋友的一份情懷。

這書得以順利完成，我要感謝協助資料搜集與安排內頁插圖的吳曼華小姐及王維署先生，也要特別鳴謝張溢軒先生無私借出藝術作品與手寫書法的相片。我更要多謝所有提供筆跡手稿的朋友。最後，特別感謝香港三聯各部門同事的鼎力支持，讓這書得以順利出版。

林婉雯

二〇二五年六月寫於香港

目錄

1

西方語系的筆跡心理分析系統

一切從法國開始：

法國的特徵方法

自一六二二年意大利哲學家卡米洛·巴爾迪（Camillo Baldi）所著的《根據字跡判斷書寫人的性格和氣質》（*El lenguaje secreto del rostro*），為西方語系的筆跡心理學展開序幕。可是往後的二百多年間似乎一直停滯不前，在社會上留下的，大概也只是片面、簡單的訊息。筆跡就只是一個獨立的符號，專注的也只是瑣碎的書寫要素，忽略了整體性。沒有正式的分析系統下，筆跡分析的知識只作為民間的一種娛樂方式，要登上學術殿堂尚有一些距離。

直至一八四二年，法國一位考古學家伊波利特·米雄神父（Jean-Hippolyte Michon）在巴黎一所神學院學習時，從教授那裡聽說可以通過筆跡判斷一個人的性格。米雄神父對此深感興趣，於是毅然辭去神父的職務，以傳教士的身分進行傳道、考古及筆跡研究的工作。可是在多重身分之下，二十多年來的在職研究似乎無甚進展。直至一八六八年，他的考古學家朋友介紹一位自稱發展了一套分析筆跡方法的朋友給他認識，那就是相學家阿道夫（Adolphe Desbarrolles）。但其實所謂的方法只是神秘學的一種，大概就是將相學、占卜術、卡巴拉及筆跡等混在一起的學說，並無科學分析的成分。阿道夫的女兒傳承了這套理論，在法國從事所謂筆跡分析的工作。

米雄神父花了約三年時間研究阿道夫的分析方法，認為與他的科學理想分歧甚大，於是決定全身投入筆跡分析的研究工作。他透過刊登廣告，向公眾收集筆跡，建立了一個龐大的筆跡數據庫。他以科學的方式作統計與分類，並認為分析筆跡不單靠經驗，更需要一套系統性理論支持，這需要包含生理學及心理學。最終他創立了一套特徵方法（Trait method）。這個特徵的分析方式不如傳言中「獨立的特徵等於獨立的性格特質」。他認為當不同的特質拼湊在一起，就會互相產生影響。這個理念與德國的筆跡心理分析系統有點相似，且比德國的分析概念出現得更早。由

伊波利特・米雄神父（圖片來源：Public domain.<http://www.beatrice-auban.fr/graphologie.aspx.>via Wikimedia Common）

於米雄神父是法國人，他流傳下來的作品自然是以法文書寫。當時並未翻譯為其他語言，於是在輾轉流傳之下，不少人誤以為一種筆跡就只有一種性格，並沒有談及筆畫和線條之間的相互影響。偶爾甚至有人將其與阿道夫的筆跡神秘學理論混為一談。雖然如此，他不只催化了世界上第一個筆跡學專業公會的成立，更開啟了西方語系筆跡心理分析的其中一個分支。

不過筆跡分析系統的訂立，其實應該歸功於克雷皮厄雅曼（Jules Crepieux-Jamin）。克雷皮厄雅曼在里昂當牙醫的時候，偶爾讀到米雄神父所寫的著作，深感著迷，於是投入大量時間，研究米雄神父的筆跡分析方法，重整特徵方法，並把二百多個性格特徵符號分成七類。他又指出性格特徵只是一個不確定的特質，所以要將所有特質拼合，觀察當中的變化和組合，才能確實地以筆跡看出每個人的性格特質。這個方法就是法國流傳下來的一套分析系統。

德國的完形方法

西方語系的筆跡心理分析系統，除了源自法國的特徵分析方法以外，現今另一主流就是來自德國的完形方法（Gestalt method），由德國哲學家革拉格斯博士（Dr. Ludwig Klages）所創立。完形方法與特徵分析方法在動機上並不相同。如前文所述，米雄神父對筆跡感到興趣，認為可以從筆跡理解一個人的性格特徵。他藉助教會與信徒的力量，收集筆跡作分析、統計與分類，從而形成特徵方法的雛形。由牙醫克雷皮厄雅曼重整與歸檔後，才成為現在的特徵分析方法。不過這個方法只是筆跡特徵與性格特質的歸類研究，背後並沒有心理學理論支撐。

革拉格斯博士所創立的完形筆跡分析方法，以現代的說話，可以形容為「副產品」！那是因為革拉格斯的背景與理念所致。革拉格斯博士其實是斜槓一族，他擁有多重身分，包括哲學家、心理學家、大學教授、作家、詩人及筆跡專家，甚至於一九三六年及一九三七年曾兩度提名諾貝爾文學獎。革拉格斯博士早年只是一個在大學研究化學的研究員，後來他覺得哲學比較有趣，所以轉修哲學。在慕尼黑大學期間，他曾接觸筆跡學，對這個學科有些認識，但僅此而已。

革拉格斯博士的重點思想在人生是一個整體。「我」是由內在對生命意義的理解，以及為實現這一意義所持的生活態度組成。他認為人生與物質世界並無直接關聯，重點在於如何展現自身的存在價值。換句話說，他所探討的是個人在性格、思維、行動與感受上的表現，以及這些在生活中的互動。

在他的哲學理念中，人的心靈是否能達到平衡，取決於個人性格特質之間的動態關係，包括天賦、思維、動力和情緒等方面。他從筆跡鑑定的案例中，發現可以通過簽名識別簽名者的身分。同樣地，個人性格獨一無二，透過獨有的筆跡，亦能確實明瞭個人的性格特質，因此革拉格斯博士將筆跡學定義為從筆跡了解個人心理狀態的一門科學。革拉格斯博士以量化的研究技術，針對探討筆跡與性格之間的關係，創立了完形方法這一筆跡分析系統，輔助關於人生意義的哲學研究。對於革拉格斯博士而言，筆跡學不再是僅僅基於興趣和好奇而建立的研究，而是能夠深入研究個人性格特質的學科。

完形方法基於科學研究，強調性格與筆跡之間的關聯，性格為主，筆跡為副。由於不同性格元素都會與外在環境作出互動，分析時應注意整體性，而非個別特徵。這個概念與法國的特徵方法最為相似，但背後的理論卻不盡相同。

革拉格斯博士（圖片來源：https://commons.wikimedia.org/wiki/File:Klages3.jpg）

革拉格斯博士在他的研究生涯中，出版了多部關於筆跡學的著作。他的著作奠定了現代筆跡學的科學研究理論基礎，亦成為德國大學心理學系的教材，傳承筆跡分析的概念。他的工作不僅深化了筆跡學的理論，也促進了學科的發展，讓更多人了解筆跡與個人性格之間的關係。通過他的教學和著作，革拉格斯博士為筆跡學的傳承和發展作出重要貢獻，被譽為現代筆跡學之父。

筆跡學進入英語國度

從法國的米雄神父到德國的革拉格斯博士，我們可以看到筆跡學在非英語系國家的發展。這門學科源於數百年前民間智慧的集結與記錄，結合循證實踐和案例統計，逐漸形成一套系統化的理論。筆跡學成為用於探索人性特質的工具，並得到心理學理論和科學研究的支持，從而能夠量化整個分析系統。在當時的學術界中，筆跡學逐漸流行起來。隨著第一次世界大戰的爆發，革拉格斯博士逃至瑞士，在當地教授心理學和筆跡學，對當地許多著名心理學研究者帶來影響。他們共同改進筆跡分析系統，更促成了瑞士筆跡學研究學會（Schweizerische Graphologische Gesellschaft）的成立。

其中一位學生辛格（Dr. Eric Singer）是法學博士。在瑞士修讀筆跡學期間，革拉格斯博士不僅是他的老師，還擔任性格與筆跡學研究的指導老師。革拉格斯博士對性格與筆跡的見解深深地影響辛格，特別在探討筆跡如何反映內在性格。辛格博士對分析英文筆跡特別感興趣，他的研究重點也集中在英文書寫上，為完形方法在英國發展奠定了基礎。

第二次世界大戰前夕，由於政治緊張的局勢加劇，加上對英文的熱愛，辛格選擇移居英國。他出版多本關於筆跡分析的書籍，並教授學生。在辛格手中，筆跡學不僅是學術知識，而是變得更加生活化，使公眾了解如何將筆跡分析應用於日常生活中。他展示了筆跡分析在各個領域的應用，包括公司招聘、人際交流、情感與婚姻配對、職業指導等。自此筆跡分析在英語系國家流行起來，而辛格博士在當時被譽為全國最頂尖的筆跡學家。

至於將筆跡分析在英國變成專業的，是辛格博士的學生，名叫希利格（Mr. Francis Hilliger）。希利格對筆跡學的興趣始於青少年時期。當時有一位業餘的筆跡學者曾經替希利格解讀他的筆跡，並分析他的性格特質，讓他感受猶深。自此以後，他對筆跡學深感興趣。年輕時他服役於海軍，然而當年分析筆跡的情景突然在腦海裡閃現。那一刻他決定辭職，並跟從辛格博士學習筆跡。在修習的過程中，他明白到研習筆跡並不單靠分析技巧，更重要的是認識背後的心理學理論，尤其是了解自我，並如何實現自我。希利格追隨辛格博士學習約十年後，成立了一家從事筆跡分析工作的公司。除了教學工作以外，主要從事個人及企業的筆跡學諮詢顧問，以及法庭的筆跡鑑證。

一九六九年辛格博士過世以後，他的遺孀與希利格處理辛格博士的遺物時，認為辛格博士留下的大量關於筆跡學的研究和資料非常重要，所以二人決定重新整理辛格博士的資料，讓筆跡學得以在英語系國家繼續流傳。

希利格早在追隨辛格博士學習時就已經有創立公會的想法。因為他目睹過筆跡心理分析對自我實現的影響，所以希望這一學說能夠變得更加專業。一九八三年，他連同大約一百五十位筆跡專家成立了英國筆跡專家公會（British Institute of Graphologists）。公會成立以後，為了讓知識推廣系統化，更設定了英國筆跡專家公會文憑考試。除了考核基本筆跡研讀與分析方法以外，亦加入分析心理學的相關學說。這秉承了革拉格斯博士與辛格博士所強調的，心理學理論與筆跡及分析人格的關係，同時，為了秉承對專業質素的要求，在知識傳承上，只有經過公會批核、具經驗的會員及／或通過公會文憑課程考試合格的會員，方可成為教授公會文憑課程的導師，亦設定了師徒制的學習方式。希利格更制定筆跡心理分析的標準指南，讓完形方法更系統化地流傳，使學生研習時有規可尋。

2

唸英文要由ABC開始

從大寫到小寫

隨著資訊管理系統的發展日趨成熟，以及無紙化的普及，在現今職場裡，許多同事已經習慣使用鍵盤，甚至利用臉部辨識系統（Face ID）處理工作。相較於傳統的手寫簽到，數位方式確實變得更加方便。在這樣的大環境下，若想在職場中找到一份手寫的文件，似乎變得困難。不禁讓人思考，最近一次認真地用自己喜歡的筆和筆記本寫字，究竟是何時呢？

從我得到的回應來看，多數人提到的都是學生時代，但已經是很多年前的事了。回想起來，這些記憶總是顯得格外美好。大家還記得初學寫字的情景嗎？雖然可能無法清晰地回憶起當初拿著鉛筆的具體感覺，但寫習字簿（Copybook）的集體回憶卻總能讓人心生共鳴。有朋友告訴我，現在學生學習英文字母時，已經不再使用背後印著九因歌的習字簿，而是改用各種工作紙。這個詞彙如今已經變成舊時代的象徵，承載著過去的記憶。

儘管時代不斷變遷，但學習書寫英文字母的基本規則仍然存在，大寫與小寫依舊不可忽視。在筆跡心理學的領域，「年代」的概念確實有意義。不同年代有獨特的習字簿，每個時代的書寫風格和形態也隨之不同，不同國家的字形風格也各具特色。因此，我們可以通過分析手寫字的形態，來判斷書寫人在學習書寫時所屬的年代與國家。

儘管書寫人來自不同的年代與不同的國家，但依然在書寫那分為大寫與小寫的二十六個英文字母。我們最初學習書寫英文字的時候，是由英文大寫開始，依著習字簿上的虛線一筆一畫地寫。

但為何先學大寫再學小寫？原因很簡單，英文小寫以橫、直、斜等曲線的筆畫為主，孩童年紀較小，手部肌肉仍在發展，要拿著那支長長的筆桿已經不是一件容易的事，再要畫曲線與圓形，可說是難上加難。在這樣的條件限制下，學習書寫的字形宜簡約。大寫比小寫的筆畫少，結構相對簡單。所以先學習書寫大寫，待肌肉漸漸適應與發展後，再學習書寫小寫那些較微細的圓圈，就會相對容易。而且大寫字形比小寫大，可讓幼童看得清楚，更容易辨認。除了方便小手肌肉習慣精細的動作技能外，也促進手眼協調與閱讀能力的發展。

再者，大寫的形態多為對稱且在方正格置中；而小寫大多分為上、中、下三個區域，會由中區域往上區域與下區域延伸。大、小寫在外形上的分別，使學習書寫的先後次序對幼童的認知發展尤為重要，也避免視覺上的混淆。就如小寫的 b、d 與大寫 B、D，幼童較易寫錯小寫，但容易

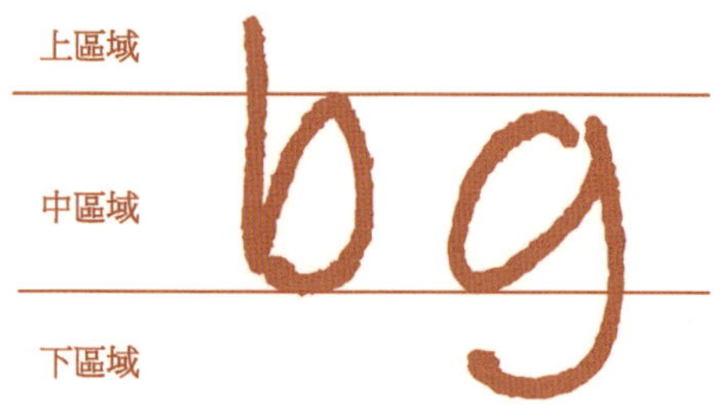

字母形態區域

分辨大寫。

習慣書寫大寫以後，學生們就會開始學習書寫小寫，隨後進一步發展到筆畫相連的草書。書寫草書不僅提升訓練肌肉控筆的技巧，更是訓練深層思考的過程。執筆時，腦海需要同時組織思緒。這樣的同步訓練使得書寫人能夠將想法有效地轉化為文字。因此，書寫過程其實是一種思考模式的訓練。

孩子們的身體能力和腦力發展會隨著年齡增長而有所不同，不同時期需要訓練書寫不同字體，讓孩子們能夠在適當時期掌握適合的書寫技巧，形成良好的書寫習慣。然而隨著成長，人們執筆書寫的態度不僅受到習慣影響，還會在一筆一畫中融入個人喜好。這些喜好往往源於書寫人的性格特質、成長背景和人生經歷。這些差異使每個人的書寫方式和形態都各具特色，變得更有意思。

A B C D E F G H I J K L M
N O P Q R S T U V W X Y Z
a b c d e f g h i j k l m
n o p q r s t u v w x y z

英國字母表（圖片來源：Thincat, CC BY-SA 4.0 <https://creativecommons.org/licenses/by-sa/4.0>, via Wikimedia Commons）

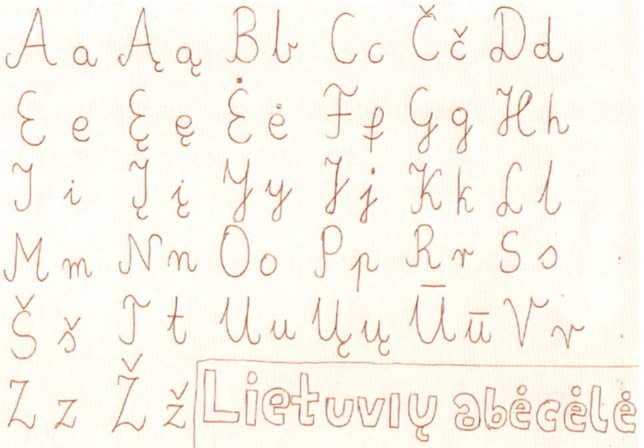

波蘭字母表（圖片來源：Szczecinolog, CC BY-SA 4.0 <https://creativecommons.org/licenses/by-sa/4.0>, via Wikimedia Commons）

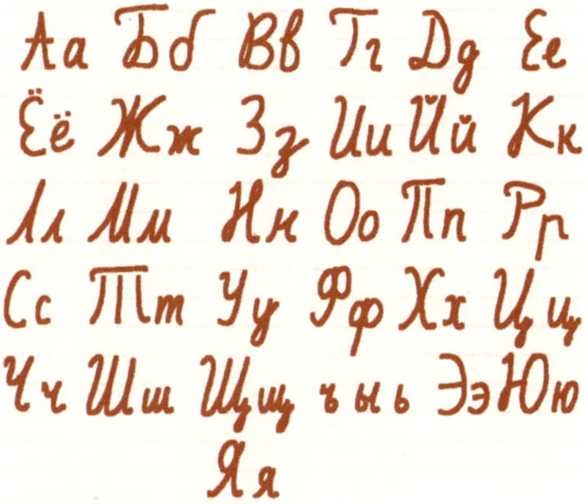

俄羅斯字母表（圖片來源：https://commons.wikimedia.org/wiki/File:Russian cursivel.png#file)

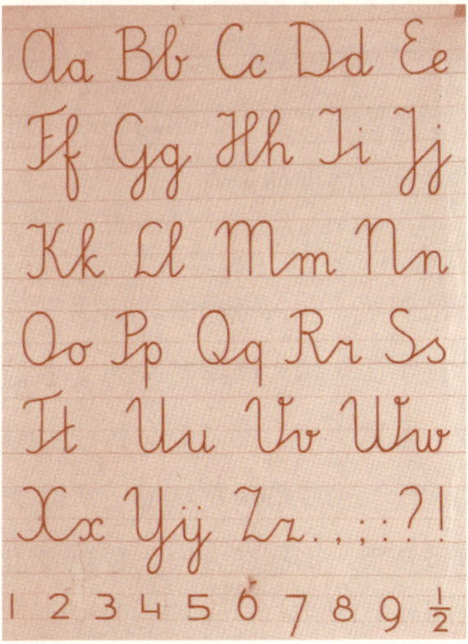

荷蘭字母表（圖片來源：https://commons.wikimedia.org/wiki/File:Schoonschrift.jpg)

為何喜歡大寫？

從字母到單字和詞語，再到句子，在學童時代，我們認識到英文大寫與小寫都有特定的使用規範，例如句子的開端、地名、人名的第一個字母要是大寫，其餘為小寫。這個規範也成為大多數人的書寫習慣與使用方式。

大寫與小寫各有其位並不是偶然。在古羅馬時代初期，法定的書寫文字其實只有大寫字母，這大概與當時的文字記錄方式有關。據歷史所載，羅馬文字早期是刻在石柱上的碑文，碑文上的字包含了當代二十三個大寫字母。字母筆畫以橫、直為主，尤以直筆為重，形態如方形，看起來如建築物般穩重。這樣的「書寫」方式，是將文字以畫圖方式打稿，然後再依稿雕刻至石碑上。所以為了方便，文字筆畫會較為簡單。再說，當大寫字母拼在一起，每個字母的高度統一，雕刻後字體更精緻，更具立體感，字的形態也比較穩重，看來實實在在，視覺上更衝擊。

到晚期，文字不限於石碑上的銘文，開始出現以尖筆刻在蠟板上的文字。與石碑上的銘文相比，刻在蠟板上的文字開始出現曲線較多的筆畫，不過仍以大寫為主。為了保存書寫記錄，羅馬人將刻在蠟板上的字，用繩子綁在一起，成為當時的書冊卷軸。然而羅馬帝國沒落時，書冊受到嚴重破壞，倖存的大部分收藏在修道院內。

往後的日子裡，修道院裡的修士將這些典籍重新抄寫。為了容易保存，他們用上了羊皮紙，自此文字的表達方式出現重大變化。文字以人手抄寫為主，為了應付繁重的抄寫量及提高書寫效率，字母的形態漸漸出現不同變化。中世紀時代因抄寫與書寫工具的發展和興起，小寫字母日漸成形。

小寫出現以後還沒有標點符號，於是就決定將句子開首的第一個字母為大寫，以作分辨。不過在標點符號出現及普及以後，以大寫字母作為句子開端的習慣並未隨之而消失，且繼續沿用至今。一九〇六年，美國芝加哥大學出版社出版了《芝加哥格式手冊》（*The Chicago Manual of Style*），雖然這本書的主要對象為出版業，但當中亦明文規定了英語的使用方式。至此，大寫與小寫就有書寫規範。

縱然如此，偶爾遇到有人喜歡在書寫英文時全部用上大寫。我問及原因，有的說是個人喜好，有的說是一直以來的習慣。但在學習書寫英文的過程中，大寫小寫各有其位才是基本，也是一直以來的習慣，至少在我們求學時就有這樣的規範。但為何全用大寫或全用小寫的人，會將違反規範說成是一個「習慣」？筆跡心理分析告知了我們當中的緣故！

將大寫視為正規的傳統，從古羅馬初期直至今天，似乎從沒有改變過。各位讀者有填過政府的文件、表格嗎？曾經嘗試求職的朋友大概也填過入職申請表。這種官方表格通常要求填表人以正楷大寫填上相關資訊，原因有二：其一，表達書寫的清晰度；其二，暗示這是正規的文件，請填表人展示對規範的尊重。因此在某程度上，大寫書寫暗喻希望填表人放下個人情緒，要求秉公辦理。

除此以外，我請大家想想，哪個時候會用上大寫呢？在職的朋友大概會想到發電郵的時候，偶爾也會在某些句子上用上大寫。這樣的書寫方式通常表達這個資訊需要注意，用以加強語氣。在古羅馬時代，刻在石柱上的大寫字母除了傳達訊息外，也代表統一。沒有高低起伏的大寫字母，拼在一起卻有律動的質感，衝擊眼球並暗藏壓迫感，讓視覺在腦內留下印象。因此以全大寫書寫有強調或需注視的意味。

有一說，全以大寫書寫的人較多漠視社會規範，傾向專注個人想法，貫徹「我喜歡」、「我規定」的態度。他們的自我意識較重，渴望受重視；自尊心較高，對他人的批評甚為敏感；反應亦較大，容易做出衝動的應對與行為。他們會認為大寫是正規的，所以希望以「正規」的外表，為自己多加一層保護，給予自己多一些力量。也有一說，大寫字母的高度較為平均與統一，表面看來沒有高低起伏，就如將自己藏於人群中，不容易讓人發現，也是一種保護自己的方式。

也有一批人雖以大寫為主，但在書寫時會夾雜部分小寫字母，大寫與小寫亦各不在其位。這類人並非漠視規範，而是分不清重點與先後次序，會較無視外在。故此，他們不論對事或對人，通常只能維持短暫的熱情。若大寫與小寫混雜的數量比較多，他們的行為與態度都會傾向變幻莫測，帶點叛逆，讓人摸不透。看不通，就是他的態度！

那麼只將大寫用於簽名上的人，性格又如何呢？通常喜歡以這樣方式簽名的人，對人、對事都處理得清清楚楚，喜歡實話實說。同時也表現對個人抱負的堅持，有理想就要落實執行。

以上只是對習慣或喜歡以大寫書寫的整體概念。不同人書寫大寫字母時，也有個人的書寫特色。當中的意義，在稍後的篇章會逐一解釋。

OUR LONDON BUSINESS IS GOOD, BUT
VIENNA AND BERLIN ARE QUIET. MR D
LLOYD HAS GONE TO SWITZERLAND AND
I AM HOPING FOR GOOD NEWS.
HE WILL BE THERE FOR A WEEK.

全大寫手寫字

習慣小寫又如何？

執筆寫字，各有所愛。有喜歡以英文大寫為主的，自然亦有習慣以全小寫為主的人。那又有何暗示？

在過往為客人處理的筆跡分析個案之中，我曾收過不少只有英文小寫的手稿。不過有趣的是，書寫這些手稿的人年紀都不超過四十歲，當中又以二十至三十歲或以下居多。這讓我有點困惑。在筆跡心理分析的理論中，我們無法透過筆跡看出書寫人的年齡，但這個巧合似乎不是偶然。

書寫英文的方式早已經有明確的規範。在幼稚園和小學的英文課程中，學生通常會有充足的學習時間來掌握基本的書寫規則。然而，那些手稿中卻幾乎沒有使用大寫字母。這引起我的好奇，因此我進一步詢問。有不少人表示，他們希望寫出最真實的自己，因此選擇全用小寫字母來表達自己的風格。

此外，我還觀察到另一個有趣的現象：許多人通過電子郵件或 WhatsApp 向我查詢個人筆跡分析時，幾乎都使用小寫字母。對此我並不感到驚訝，反而認為這是一種合理的選擇，但為什麼會出現這種情況呢？

在數位化的交流環境中，小寫字母似乎成為一種非正式但親切的書寫方式，反映人們溝通的隨意和對真實感的追求。這種趨勢不僅影響了個人書寫風格，也讓人重新思考書寫的意義。

作為英語規範的《芝加哥格式手冊》（*The Chicago Manual of Style*），在二〇一七年版本對大寫與小寫的使用方式稍作調整，明確表示只要是品牌或商標，應當保持原始大小寫形式，就算作為句子的開頭，亦無須依從一直以來對大寫與小寫的規定。與《芝加哥格式手冊》有著同樣地位的《美國心理學會出版手冊》（*Publication Manual of the American Psychological Association*）對此並不反對，但有所保留。

就大寫與小寫的問題，加拿大圭爾夫大學商學院於二〇二〇年與中國江南大學商學院進行一個聯合研究，指出當品牌名稱用上全大寫或全小寫，會影響顧客對品牌的認知與態度：使用大寫的，給顧客有實力的印象；至於使用小寫的，則給人較溫暖的感覺。

英國伯明翰大學應用語言學系的學者就曾指出，英文大寫 I 的意思代表「我」，有著表達自我意識的意思。因此書寫或使用鍵盤輸入時，使用大寫或小寫便有著不同暗示：是對自我的肯定，或是淡化個人身分。新加坡國立大學英語語言文學系於一九九九年發表的研究，亦談及 I 代表對個人身分的認同，使用大寫或小寫都代表不同意思。

近年來針對年輕人，特別是 Z 世代的研究顯示，年輕人習慣於互聯網使用小寫作為主要溝通的方式。這一代人認為，大寫字母通常顯得較為嚴肅，因為大寫代表傳統格式。隨著時間的推移，研究發現，新生代對形式主義的抗拒，使他們更偏好小寫這種非正式的表達方式。小寫給人一種輕鬆自然的感覺，尤其互聯網交流缺乏面對面的溝通環境，使用小寫能更有效地傳遞情感和提升親密度。再說，這種風格最初源於群組聊天，隨著社交媒體的崛起，這種書寫方式逐漸流行起來，形成一種屬於 Z 世代的獨特溝通模式。

相類近的研究有很多，但大部分與印刷體相關，與手寫有何干？

簡單來說，這是視知覺與腦部運作的問題。過往的書寫與閱讀訓練，對大寫和小寫的格式規範有特定概念，通過視覺輸入特定模式，在腦部分類記憶。經過多年的練習，長久以來我們在書寫的時候，就會將大寫與小寫字母寫在適當的地方。無論書寫人最終選擇使用大寫或是小寫，都是個人特色；無論閱讀印刷體，或是親手寫字，同一風格就有相近的演繹方式。正因如此，習慣書寫小寫，與在通訊媒體使用小寫，都是合理的事情，也是個人特質的表現。

在筆跡心理分析的理論上，習慣使用小寫的人，誠如英國伯明翰大學與新加坡國立大學研究所的研究，那是自信心、自我肯定較弱的表現。性格上傾向溫柔與低調，並藏在人群中。感覺良好，已是最好的參與！

剛才提到世代與選擇使用小寫字母的關係，這可以嘗試聚焦 Z 世代的成長背景。這一代人於直升機式育兒（Helicopter parenting）的環境中成長，父母通常會深度介入孩子的生活，像直升機一樣不斷盤旋在孩子的身邊，為他們安排一切。父母積極參與孩子的生活，試圖為孩子建立平坦的道路。過度保護都源於對孩子深切的愛護。

然而，過度介入也會帶來一些負面影響。在過去的筆跡分析案例中，我觀察到兩個主要的趨勢。首先，這些孩子在成長過程中往往缺乏面對困難的能力：他們習慣依賴父母，遇到挑戰時可能會感到無所適從。其次，由於父母對

our london business is good. but vienna
and berlin are quiet. mr.d lloyd
has gone to switzerland and i am
hoping for good news. he will be there for
a week at 1396 zermatt street. he then
~~goasd~~ goes to turin and rome and will join
colonel persy and arrive at athens, greese
on nov 27 of december.

全小寫手寫字

孩子過度呵護，孩子成長後可能會在心中產生自卑感，覺得自己無法達至父母的期望，從而影響他們的自信心。

自信心不足或許成為他們偏好使用小寫字母的原因之一，選擇小寫字母可能在無意中反映他們對非正式和輕鬆交流的渴望，也是一種試圖尋找自我認同的表現。這種書寫方式讓他們在表達中感到更加舒適，並能在某程度上減輕與父母之間的壓力。

英文草書：

從無到有

從大寫到小寫的歷史發展中，我們見證了書寫工具的演變。最初，人們使用尖銳的石器或金屬工具在石頭、木板或動物骨骼上刻寫。隨著時間的推移，古埃及人開始使用莎草紙製作紙張，並採用能沾墨的蘆薈筆，使書寫更方便。書寫工具越進步，人們就越追求書寫效率，這促使了小寫字母的出現，進一步提升書寫的靈活性和便捷性。不過，約在公元前一五〇年左右，由於埃及國王下令將莎草造紙技術列為國家機密並禁止出口，迫使其他國家不得不尋找替代品。於是，羊皮紙逐漸取代莎草紙，成為新的書寫材料。然而，由於蘆薈筆的筆尖容易刮破羊皮紙，因此人們開始以鵝毛製作書寫工具。

莎草紙上的圖像和文字（圖片來源：Djehouty, CC BY-SA 4.0 <https://creativecommons.org/licenses/by-sa/4.0>, via Wikimedia Commons）

當時養鵝非常普遍，使用鵝毛既經濟又方便。每根鵝毛中間都有一條翎管，可以用作儲存墨水。書寫時，墨水會通過細小的羽毛流出，這樣就能有效地控制墨水的流量，讓書寫變得更流暢和精確。這種創新的書寫工具進一步提升了書寫的效率。

不過，鵝毛筆仍然存在一些局限。首先，鵝毛筆需要削筆尖，使它容易磨損。再者，羽毛筆在書寫過程中容易折斷，使用者在大量書寫時必須格外小心。此外，由於翎管

鵝毛筆（圖片來源：By Pearson Scott Foresman,<https://commons.wikimedia.org/w/index.php?curid=3175646>）

內可儲存的墨水量有限，使用者需要頻繁沾墨，為書寫帶來不便。

為了提高書寫效率並減少頻繁地提筆沾墨，書寫人開始尋求改善方法。在這樣的背景下，草書應運而生。草書的特點是字母的筆畫相互連接，可以減少提筆所需的肌肉活動，提升書寫速度。同時，草書的連貫性也解決鵝毛筆需要不斷沾墨的問題，讓書寫變得更流暢和高效。

草書（Cursive）的英文其實並非指隨意地草草寫下的意思，而是源自中世紀時期的拉丁文 Cursivus，意為「奔跑」。這個名稱揭示了草書的設計初衷：提升書寫速度。草書的特點在於字母之間的連接，減少字母之間的空隙和停頓。因為每當停頓就必須提筆，這增加了肌肉活動，從而延長書寫時間。

因此，草書的發展反映了當時人們對書寫效率和速度的追求。草書的流暢性使得書寫人能夠在短時間內書寫更多文字，這在需要大量文書工作的環境中尤為重要，特別當時

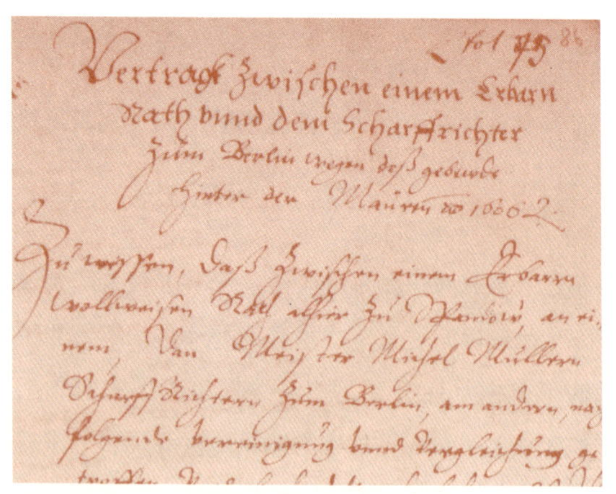

Vertrag zwischen einem Erbarn
Rath vnnd dem Scharfrichter

中世紀德國手寫體（圖片來源：Thomas Quine, CC BY 2.0 <https://creativecommons.org/licenses/by/2.0>, via Wikimedia Commons)

的教會需要抄寫大量經文典籍。這種高效的書寫方式不僅滿足了實際需求，在抄寫與閱讀之間，也影響著書寫人的思維模式。

筆跡心理分析告訴我們，喜歡草書的人通常有獨特的思考方式，他們的邏輯推理能力較強，能夠沿著自己的思路前進。筆尖跟隨著書寫的線條不斷向前，使他們的思考過程呈現連貫性。對於這些人而言，思考的重要性成為他們偏愛草書的核心主題，過往不少外國的研究告訴我們，讓學生們學習書寫草書，有助訓練腦部，提升邏輯思維。

近年來，隨著數位時代的發展、通訊方式的改變，二〇一〇年美國各州共同核心標準（Common Core State Standards）開始重視鍵盤打字與其他數位輸入方式。這一變化導致許多學校不再要求學生學習書寫草書，甚至有些州份將草書從課程中剔除。學生們逐漸失去書寫草書的能力，這一現象引發對書寫教育的廣泛關注。

課程修訂不僅影響美國，還波及其他地方。我過去在不同學校分享時，也曾有學生表示從未學過草書，不懂如何書寫，更無法辨識用草書寫下的字。這樣的情況並非個別例子，許多外國媒體也報導過類似問題，呼籲社會重視學習書寫草書。

除了不懂得書寫草書外，我從其他學生中聽到的觀點也頗具啟發性。有些學生提到，在小學階段時他們並未學習如何書寫英文草書，但為了提高寫字速度，他們會將英文字母緊密相連，減少字距和手部移動幅度，從而更快地完成作業。這種做法看似合理，但我注意到另一個重點：這些學生希望自己的字跡看起來像成人。

一位小學四年級的學生告訴我，他在學校學習英文草書後，他的同班同學開始擁有自己的簽名，因為成人的簽名多使用連筆草書。在學生眼中，書寫英文草書似乎是一種成人禮，承載著他們對成長和成熟的渴望。這種象徵意義更凸顯了草書教育的重要性。

不過學習書寫英文草書的意義又豈止那麼簡單？電腦的普及讓不少人認為執筆寫字的用途不大，有不少國家容許學生電子學習，寫字亦只教授英文正楷。英文草書漸漸被視作上一代產物，不是所有學校都會將它列入教程之內。我也曾聽說過，有些家長認為孩子的功課已經很繁重，放學後亦需要參加不同的興趣班，練習英文草書不僅花時間，也看不到有任何作用。印刷文書用的是英文正楷，根本用不著學習「無謂」的英文草書。

即使如此，科學家已從不同的角度提醒我們學習英文草書的重要性！由最初學習執筆的機械性練習，直到可以不假思索地運用連筆，當中所產生的轉變並不只是學懂寫字那麼簡單，因為書寫草書對操控執筆肌肉的要求比書寫英文正楷更高，有助加強腦內視覺、觸覺與精細肌肉活動靈活性的綜合訓練。能夠書寫英文草書的學生創造力較高，能更有效組織想法，亦有較高的表達能力，學習能力自然更強。這是家長與教育界人士不能忽視的益處。

3

A至Z
各有各精彩

英文字母與筆跡心理分析的關係

英文字母只有二十六個，雖字少但義深。建立過程源遠流長，字母的數量經過反覆增刪，來來回回才確立 A 至 Z 二十六個字母。通過了解字母的起源，我們可以明白到字母與心理學的關係。

西方不同的角落有著不同的文字。從古埃及的聖書體（Hieroglyphics）、蘇美爾（Sumer）的楔形文字（Cuneiform），到古墨西哥時期的瑪雅（Maya）和阿茲特克（Aztecs），文字以圖像符號為主，分別由表意文字與表音文字所組成，包含了圖像與表達抽象訊息的符號，當中亦包含了語音元素，為的是方便溝通。隨著社會發展，象形文字越來越多，系統變得越來越複雜，使用者不容易記住，所以才逐漸演變成字母形狀。

在文獻中可以追溯到約公元前十九世紀中期，迦南人從古埃及文化中接觸到聖書體（亦即象形文字），其中表達了二十三個單音與母音，不過這些表音文字並不能獨立書寫。這也許是字母創造者的靈感來源，迦南人後來創造了可以獨立書寫的字母，大概是最早出現的字母。

到公元前一千年左右，各地之間貿易活動頻繁，語言上的溝通和文字交流隨之增加。因為圖像的數量太多，要適應與了解不同國家的象形文字並不容易。當文字簡化為音素字母之後，書寫的是發音，字母的數量大減，變得既簡單又方便學習，能夠促進各國之間的貿易與文化交流。符號形態的字母就成為傳達聲音的工具，這個包含二十二個輔音字母的標準化系統從此確立，亦即是為人所知的腓尼基字母。

或許大家會有這樣的疑問：文字從圖像變為聲音，為何創造者在設計字母時只用上音素的概念？專門研究美索不達米亞的法國歷史與語言學考古學家馬塞爾．西格里斯

來自伊達利翁腓尼基檔案館的一塊陶片，上面刻有腓尼基文字。（圖片來源：CC BY-SA 4.0 <https://creativecommons.org/licenses/by-sa/4.0>, via Wikimedia Commons）

（Marcel Sigrist）曾經指出只有人類才會說話與書寫。書寫產生語言，因為有想傳達的話才書寫，所以文字不單是一種符號，更是一種由符號產生的訊息。這樣看來，從複雜的象形文字演變為簡化的音素字母，正符合實際需要。

到了公元前八世紀左右，希臘人改編了腓尼基字母，增加了元音字母，成為一個具備元音與輔音的字母書寫系統。直到公元前四世紀左右，共有二十四個已確立的希臘字母，並沿用至今。除了作為書寫文字以外，由於古希臘文明迅速發展，字母更在各領域作為符號使用，包括數學、物理、天文等等，讓字母同時帶有符號功能的象徵意義。

希臘字母影響了拉丁字母的發展。拉丁文最初為羅馬地區一帶所使用，當時羅馬人先採用二十四個希臘文字母，再從中篩選，既增加了一些，也刪除了一些，最終羅馬字母的標準為二十三個。羅馬字母與現代英文字母有些差異，羅馬字母並沒有收錄現代英文字母中的 J、U 及 W，至於

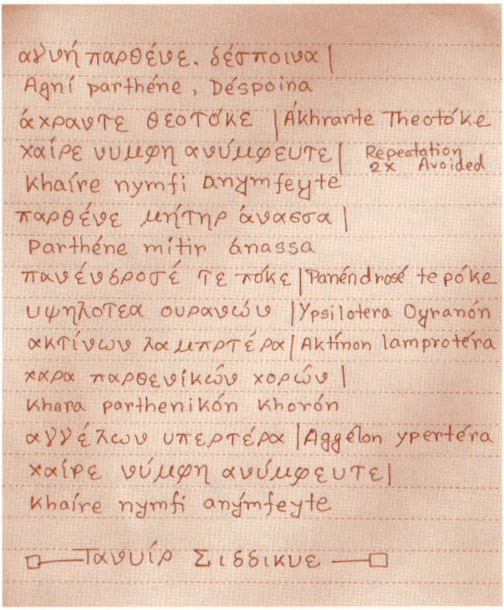

希臘文（圖片來源：TanvirSdq, CC BY-SA 4.0 <https://creativecommons.org/licenses/by-sa/4.0>, via Wikimedia Commons）

原因會在往後的篇章裡詳加解釋。

羅馬字母書寫系統自此基本完成，並隨著羅馬帝國擴張版圖而傳至各地。在不同的語言文化中進行了適量調整，不單在英、美，其他如法國、德國、荷蘭等非英語系國家，亦將同樣的字母符號加入到當地的書寫文字中，再按照當地的文化與價值觀而作出微調，成為當地的書寫語言。羅馬字母是現代廣泛應用的書寫符號，西方的筆跡心理分析就建基於字母符號。

我們一直談的是字母的發展，與心理學有何干？

象形文字以圖像的形式表達特定物體的概念。通過觀察圖像，人們能迅速識別出所指的物件。這種直觀的方式與字母構成了鮮明的對比。字母屬於音素文字，本質是符號，並不具備圖像含意。抽象的表達方式使人類能夠更容易地傳達複雜的思想和情感。

字母不同的形狀、排列和書寫風格都會影響人們的情感反應。例如，某些字體可能給人溫暖和親切的感覺，而其他字體則可能顯得冷漠或正式。這種感覺上的差異，反映了字母作為符號在心理上的影響。不同的人在面對這些符號時，可能會產生不同的理解和情感互動。

書寫字母符號是我們理解外部環境和表達內在的一種方式。我們通過這些符號來傳達思想、情感和資訊。總的來說，這揭示了字母符號的本質，以及我們的思維模式如何與世界的表現方式互動，關鍵在於如何解讀符號的意義，以及它們在溝通中的作用。

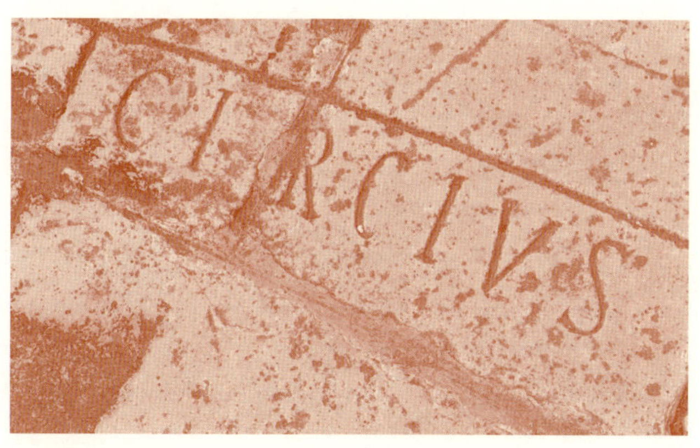

古羅馬銘文（圖片來源：Kritzolina, CC BY-SA 4.0 <https://creativecommons.org/licenses/by-sa/4.0>, via Wikimedia Commons）

符號本身是獨立的個體，承載著特定的理性定義。理解這些字元不僅僅是認知其形式，更涉及個人情感的體驗。字母符號在溝通中的作用，是理性與感性交流的結果。通過這些符號，我們能夠構建起更為複雜的思想體系，傳遞更深刻的情感。

綜上所述，字母不僅僅是簡單的書寫工具，更是我們與世界溝通的橋樑。它們的意義和情感表達貫穿在我們的生活中。通過理解這些符號，我們能夠更好地理解自我與他人之間的情感聯繫，以及我們應如何在這個複雜的世界中進行有效交流。

Z

一切從 Z 開始

從學習書寫英文大寫、小寫，到將不同字母拼湊在一起，變成字詞，再成為自己的名字，我們只知道不同字母的組合會成為各有意思的字詞。後來學會依據文法的規定，再將不同的字詞組合成語句，再後來學習寫一篇好文章，考慮的就只是文法與文章內容，僅此而已。回到最初，大家有否思考過字母之間的分別嗎？為何英文字要這樣寫？

在回答這問題之前，請大家回想英文字母的字形結構。英文小寫字母的字形結構分為三個部分，分別是上區域、中區域、與下區域。當中有十四個英文字母（a、c、e、i、m、n、o、r、s、u、v、w、x、z）只佔中區域，其餘的都是有兩個或以上的區域組合。字母由上區域與中區域組合而成的有六個（b、d、h、k、l、t），由中區域與下區域組成的有五個（g、j、p、q、y）。

書寫是溝通方法的一種，通過文字，我們閱讀到書寫人的想法，這是一種不受時間限制的交流方式，古人的智慧亦由此傳承，這就是文字的作用。不過對筆跡心理分析有興趣的人，總是希望理解多一點，尤其是文字背後，書寫人的內心想法，所以特別留意書寫人的原稿，希望通過文字的線條筆畫，與書寫人產生內心交流，進一步理解書寫人如何傳達訊息。

二十六個英文字母，線條配搭各有不同。拼合成字詞後，加上書寫風格因人而異，寫出來的字變化多端，反映了書寫人的個性特質。縱然筆跡多變，還是可找出書寫人的類同。這除了讓我們能更深入地了解自己，也能深入地認識親友，社交之道就是如此。

從學童時代開始，掌握二十六個英文字母是學習語言的基礎，A 至 Z 的順序早已確立。在學習書寫字母時，孩子們通常會注意如何控制手裡的筆，使筆尖能順暢地在習字簿上繪製線條。與此同時，老師或父母也會關注孩子的握筆姿勢是否正確。然而，鮮有人想到為什麼我們要從A開始學習寫字？二十六個字母為何以這樣的順序排列？

據文獻記載顯示，A至Z的順序並非最初就訂立下來。實際上，Z最早位於E與H之間。Z來自希臘文Zeta，意思是武器或刀劍。在猶太傳統中，希臘文被認為與古希伯來文有著緊密的聯繫，而Z在希伯來文中同樣有兵器的含義。

羅馬人重整字母系統時，Z曾被廢除。古羅馬時期的散文作家馬爾提亞努斯·卡佩拉（Martianus Capella）就記錄了事件的緣由。原來當時負責整理羅馬字母系統的監察官員阿庇烏斯·克勞狄烏斯·凱庫斯（Appius Claudius Caecus）認為，Z的捲舌音相當複雜。他指出，如果要清晰地發音，就會像一個露出牙齒微笑的屍體，這樣的形象既難看又不雅，所以必須刪除Z。這一決定雖然看似荒謬，卻反映了個人對字母符號的情感和審美觀。每個字母在不同文化和時代中都有獨特的意義和象徵。不同的人面對字母符號，或多或少也帶著個人情感，讓字母承載不同的象徵和價值。

公元前一世紀，羅馬帝國征服了希臘。由於兩國語言的差異，羅馬重新將 Z 加入字母行列，以方便翻譯希臘文。但因所有字母已按順序排列，後加的 Z 只能置於最後，雖然它其實是最先從希臘文中挑選出來的字母之一。

以草書的書寫方式來看，Z 從中區域開始，跨越中區域與下區域。就像倒轉的 C 一樣，線條從中區域延伸至下區域，然後回轉到中區域。在筆跡分析理論中，中區域代表正在面對的生活日常。生活總免不了一些經歷、一些感受、一些掛念，這一切不管好與壞，都會成為過去，成為生命的一部分。Z 的筆畫往下區域轉，表示過去的回憶與經驗。不過人總不能讓自己活在過去的記憶裡，於是 Z 最後的一筆，從下區域再往上走，轉回中區域，暗示過去已是過去，人要面向將來，生命才得以延續。因為有過往的經歷，才有今天往前行的自己。Z 放在二十六個字母的最後，表示「既是結束，也是新開始」的意思。正因如此，不同的形態，有著不同的意義。不同人書寫 Z 的變化確實很大。

正楷書寫

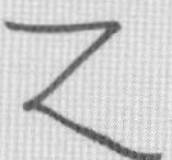

最後一筆往下斜，表達對過往或剛發生的事情感到失望。

最後一筆往右延伸，直而長，代表重視成就感。

最後一筆呈曲線，如倒轉的 c。筆畫短但不回轉往上的話，通常工作未做到最後便已放棄。

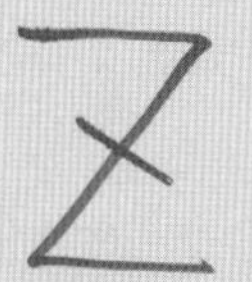

在大寫 z 的中間加上一横，通常是追求生活平衡的人。他們大多有衝勁、有理想，但總會以生活先行。

草書書寫

頭大尾細，筆畫的裝飾特別多。書寫人通常比較浮誇，容易惹人注目。

以曲線為主的筆畫，書寫人通常都是比較容易相處的人。

字母如數字 3 的模樣，是智慧型象徵，同時亦帶有文青的特質。

實例

這是來自電影《BJ 單身日記》女主角雲妮．絲維嘉（Renee Kathleen Zellweger）的簽名。大家或許對她的甜姐兒角色留有深刻印象，不過這只是電影角色的性格而已。從她的簽名上看，右邊一組曲折的線條，應該是她的姓氏 Zellweger，姓氏最先的字母就是 z。z 尖角多而窄，且順向往上斜，表示她其實是非常理性且不願意妥協的人。

Mr. D. Lloyd has gone Swi
hoping for good news. He will
at 13b Zermott Street. He
and Rome and will join Colon
at Athens, Greece on Nov.

字母 z 以曲線筆畫為主。下區域部分特別長，表達書寫人除了容易相處外，也很念舊。

如何包裝與展現自己

字母 Z 有著結束也是開始的意思，但要談論開始，當然就要提及排在首位的字母 A。我對這個字母的印象特別深刻，那是源於中學時與同學的一段對話。當時的英文科老師是一位外籍人士，在課堂上要求每位同學為自己揀選一個合適的英文名字。老師看過中文名字的英文譯音後，便給我們每人發了一份英文名字清單。名字起首的字母，通常是英文譯名的起首。大部分同學都依照清單選擇，不過其中有一位同學並沒有按照那份清單，反而向老師提出要求，希望老師給她一份以 A 字起首的英文名字清單。我對她的要求很好奇，下課後，我特意問她為何指定要用 A 字起首的英文名字。原來她那在醫院裡任職醫護的姑媽曾經告訴她，大部分主管的名字起首都是字母 A，國際上一些知名品牌或是不同行業的龍頭公司，取的公司名字亦是以 A 字為首，具備頂尖的意思。所以讓她日後為自己揀選英文名字的時候，先選個 A 字起首的英文名字，將來就會成為一位領導者。聽罷她的一番話，我有一剎那希望重新改名。然而老師表示選定了就不能再改，我的英文名字就這樣沿用至今。

雖然我無法判斷那位姑媽對 A 字的演繹是否正確，但自從那次對話後，我似乎無意地開始更多地留意字母 A。回到基本步，從讀書開始，大寫 A 就代表成績超卓；在證券市場上，債券評級亦用上 A 來表達企業的財力較高，違約風險偏低，如惠譽、標準普爾的 AAA 評級，就表達了風險較低的狀況。究竟字母 A 為何代表傑出和優秀？

十八世紀初，英國一家船務保險公司首次以字母表達船隻的狀況，以 A 字為評級的就是代表狀況最好、全新的船隻，其他狀況的就以字母 B 作為標示，這大概是首次將等級概念與字母聯繫在一起。字母評級作為船務術語，隨著船隻停泊在不同的國家，這個概念亦隨之傳往各地。不過將字母 A 作為等級的成名作，應該是六十年代太空人與地面溝通的一個誤會。當時太空人回應地面 okay，但地面上的工作人員聽錯了，以為是 A-okay，認為太空人有意地強調非常好的意思。這個言者無心，聽者有意的錯誤解讀，為字母的 A 的優越概念加了一分力。

以上對字母 A 的演繹例子，似乎是一個美麗的誤會。在腓尼基語中，Aleph 是公牛的意思。將公牛放在字母排列首位的原因確實無從稽考，或許在古代，擁有一頭牛是富有的象徵。若是以財富的多寡來排序，那又何妨？再說，公牛甚具防禦力，頭上的一對角尖而長，攻擊力極強，代表力量、進攻、往前行的頑固。

不過在希伯來文裡，字母 A 代表從創造而來的神聖力量。希臘時期沒有採用公牛的意思，就只採用 A 字的形態與發音，並將橫向的字母改為垂直，與現代字母 A 的形態有點相近。名稱亦由 Aleph 改為 Alpha，成為當時字

公元前八百年，
腓尼基語的 Aleph。

母之首。我們現在稱字母為 Alphabet，單看字面其實就是 Alpha 與 Beta 的組合，也許就為字母 A 種下了「首名」的概念。

希臘字母的 Alpha 代表原始、從太陽而來的力量。字母的形態與太陽發出的光芒，都是接收能量的意思，所以 Alpha 亦代表最基本的能量。綜合來說，衍生的意義在叩問生命的存在和生命該如何存在。這份能量代表持久、堅持的力量，甚至包括人性與潛在的可能性：有光就有無限可能性，也代表一切開始的源頭。字母 A 也是從這個源頭衍生出來，當然作為英文字母的第一個字，字義上本來也有先驅的意思，往後的字母就像是追隨者（Followers），所以字母 A 亦有平衡及領導的意思。另外也有一個說法，字母 A 的讀音需要張開大口，代表講出一個人的特質。

研習筆跡心理分析之初，我曾與老師談過字母 A 的問題。羅馬帝國的查理曼大帝為方便書寫與提高抄寫文獻的效率，曾經命人改革書寫字體的形態，並發明了小寫。大寫的 A，左右兩筆屬倒轉，右邊斜線較左邊的長，且筆力較重；小寫 a 的右邊從左斜至右的一筆，是源自字母

A 的同一筆畫。這一筆特別重要，原因是大寫 A 左邊一筆，屬於過去；右邊一筆，面向將來。面對將來，我們要更加努力往前走；面對將來，是需要加力的，所以右邊一筆繼續往右延伸，筆力亦較重，看來粗一點。正因如此，字母 A 就暗示我們如何面對將來，書寫字母 A 的方法就表現我們往前的態度。

也有另外一個說法，字母 A 是眾字母之首，即是走在前面的領導者。書寫人如何寫這個字，就代表他如何包裝與展現自己。不過回歸本源，一切事情的始作俑者都是自己。字母 A 本身不包含任何意思，它只是一個響音。但響音就是一個表達，所以書寫人執筆寫字母 A 的時候，就代表在對外環境中表達自己，同時展現個人形象與魅力。

大寫 A 字

兩腳太窄，代表書寫人比較內向、內斂。面對將來發展，會有所保留，容易駐足不前。

左邊一筆太長，代表他受過往的事情與經歷影響，尤其是家人過往的成就。所以要清楚，要更努力計劃，才能往前行。

中間一橫太低，代表自尊心低下，所以沒自信往前走。

左右兩筆交疊，在頂部形成交叉，代表書寫人希望能承先啟後，創造不同的成績。不過處理事情時，通常也是「大概」，不會非常準確，大多未下決定或不知道該怎樣去做。話雖如此，為人還是機智與創新的。

小寫 a 字

傳統的小寫 a 字。會這樣寫的人對文化、歷史的觸覺比較強。

右邊看來如數字 2 字，左邊看來像括號，兩者並沒有連接。這樣的人較重視錢財，容易「過水濕腳」。

實例

SARM SARM in facebook

he found very happy on

字母 A 中間的橫線向上斜，表示 SARM 這個名字給書寫人帶來正能量。

B

遮風擋雨

在不同的工作場合中，字母 B 無疑是最常被提及的字母。尤其是開會時，大家一定聽過 Plan B 這個用語。Plan B 指的是後備計劃，即在主計劃中預見可能出現的問題，為了減輕主計劃的風險，籌劃備用方案作後路。

以前從事財務工作的時候，老闆總是喜歡問我們是否有 Plan B。即使簡單如約客人午飯也要有後備計劃，目的在於準備處理那些「可能」或「萬一」的情況。最初參與會議的時候，總要靠靈活應變的腦筋作出反應，久而久之，同事們大多數被訓練出應對不確定性的能力，養成了具前瞻性的思維方式和時刻保持充分準備的態度。這樣看來，雖然 Plan B 本身帶有輔助意味，但在團隊管理和人才培養上，卻成為一個重要的協力工具。

B 計劃雖好，但總是位居次位，為何會如此？Alphabet 這個字詞當中包含分別代表 A 的 Alpha 與 B 的 Beta，A 與 B 拼在一起就成為 Alphabet 的組合名稱。由此可見，字母 B 雖然位於字母 A 之後，但相比其他字母尚有一些地位。當然這個說法純屬個人推理，但這樣的排列次序有特別的原因嗎？

其實，字母的排序源於古代文字系統的演變。每個字母的位置，與發音、使用頻率以及語言發展有密切的關係。雖然 B 是第二個字母，使它在某程度上屬於次要，但它的存在對構建語言和詞彙至關重要。歷史告訴我們，現代羅馬字母排列的先後次序與腓尼基字母及拉丁字母的排序相近。在這些字母系統中，B 通常位於 A 之後，可以說是長久以來的習慣，並反映了語言的演變過程。至少字母發展的歷史清楚地顯示這個事實。

除了 Plan B 以外，大家有聽過 B-side 嗎？年輕一代的讀者或許會對這個字詞感到陌生，但曾經買過黑膠唱片的朋友，大概會知道黑膠唱片有分為 A 面與 B 面。五十年代，唱片公司會將主打樂曲放在 A 面上，方便電台播放，增加播放率，從而提升唱片銷量；至於放在 B 面的樂曲被定性為附贈的歌曲。B-side 這個術語，自此表達了次要的意思。

八十年代初期，研究狼的美國生物學家大衛．梅赫（David Mech）曾經以希臘文字中的 Alpha 與 Beta 來形容野狼的性格特質：強勢且具控制領地能力的雌性與雄性野狼就是 Alpha，次一等為 Beta。九十年代初期，美國媒體將在商業表現特別出色的男性以 Alpha 冠名。此後在現代心理學上，不同研究都將 Alpha 與 Beta 用作性格分類，來研究男女之間的關係：Alpha 的人掌控能力較強，清楚自己的角色，人際關係上比較有自信；Beta 的人與 Alpha 相反，傾向隨波逐流，事事順從，在關係中通常負責擔任支持者角色，也許這就是近代所形容的「觀音兵」。

縱然現代字母 B 如排序一樣屈居次位，但原來在腓尼基語與希伯來文都沒有輔助或次要的意思。字母 B 的原意是製造一個空間，給走在前面的字母 A 一個小休的機會。短暫的休息並不是讓領導者放空賦閒，而是在與外界接觸以後，為眼光放開的他提供一個休憩空間，讓他冷靜下來，減低新衝擊導致思想與行動的衝動。讓他停一停，想一想，內化新思維後才決定如何往前走，這才是領導者的風範。所以字母 B 雖看來屈居次位，但其實支援著字母 A 的領導，扮演了重要的角色。

現代羅馬字母 B，與不同歷史、年代的 B 字外形差異頗大，衍生的意義包括家庭生活、房子和庇護所等。仔細思考，無論外界環境多麼困難，這些地方都為我們提供滿滿的能量，成為我們前行的依靠。這種庇護的概念不僅體現在物理空間，也反映情感上的支持，讓我們在挑戰中保持堅韌。因此字母 B 不僅是符號，更象徵安全與力量。

我們所寫的字母 B，左邊是垂直線，右邊有兩個對外的大圈。上邊的圈表示外圍的影響力；下半部的圈代表個人動力，垂直線則代表自己。從習字簿的標準來看，兩個圈無論是大小，還是在垂直線上佔據的位置，大抵都是平衡

希伯來文中的字母 B

的。如何書寫字母 B，就反映個人的心靈是否平衡，反映個人如何自處。

大寫 B 字

B	下半圈比上半圈大，代表較重視自我感受，不容易抗拒美食的誘惑。
B	上半圈比下半圈大，代表為人處事容易受外界影響。
B	垂直的一筆往上延伸，是企業家的特質。

下半圈最後一筆往左伸延，呈彎曲狀，性格傾向自我中心。

小寫 b 字

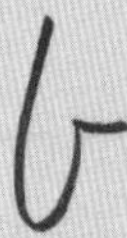

圓圈沒有頂部，是典型的理想主義者，喜歡簡單而直接的溝通。

字母短闊，書寫人通常是謙虛的人。

實例

Nov. 27th or Dec. ...

be addressed: King Jo

Chas. E. Fuller on Tu

表達書寫人是一個理性的溝通者。

來自香港無綫電視歌唱選秀節目《中年好聲音》第一季，入選前五名歌手顏志恒（Benson Ngau）的簽名。簽名的第一個字母是字母 b。在筆跡上，這種寫法象徵音樂符號，暗示書寫人在音樂上的才華是與生俱來的天賦。

C

溝通的本質

偶爾經過書店的兒童讀物區，我注意到陳列的書籍除了繪本外，還有許多字母學習書。其中一本關於字母 C 的繪本特別吸引我。封面印有大大的貓腳印，旁邊有一隻非常可愛的貓，這是一本介紹以字母 C 為首的認字繪本。在大多數人的心中，C for cat 是無可替代的。不過，字母 C 最初其實並沒有與貓扯上任何關係，反而源於沙漠中的駱駝。這個字母最早出現在古埃及的象形文字中，後來被閃米特族人採用，成為閃米特語族的字母。閃米特族是遊牧民族，文化和商貿活動都以駱駝為核心。駱駝作為交通工具，促進閃米特族與各地的交流與貿易。因此，字母 C 暗示交流與溝通。

字母 C 的形態除了從象形文字演變而來，還有一種說法是取材自單峰駱駝的駝峰。這樣看來似乎有點相似。在筆跡分析中，字母 C 被認為代表一個人在溝通時如何有效及自由地表達自己的感受與想法，以及對他人的信任。

字母 C

以垂直線起筆。這類人無論待人與處事，首要條件就是效率。他們非常反感繁瑣的溝通方式，因為這樣會浪費他們大量時間。對他們來說，腦袋應該用來解決事務，而非應對無謂的訊息。因此他們在行事上重視效率，性格較為真誠，同時商業管理能力也相對較強。

起筆如螺旋形，反映了他們溝通時的猶豫，表達上較有保留。這大概源於對他人的不信任，或對表達真心話的信心不高。

字母 c 看來像方形，欠缺曲線。這類人在做任何事情或與他人溝通時，最重視的就是系統的邏輯思維。他們較實事求是，思考方式較機械化，因此不容易理解別人的感受。

看來寫得較隨便，右邊上下的距離比較闊。這類人比較親切大方。

起筆是一條弧形的線條，並覆蓋字母 c 的頂部。在團隊中，他們很少第一個舉手發言，通常會等待其他人都表達了想法後，才考慮是否要發表自己的意見，做事相對小心且低調。

形態如數字 6。書寫人天生聰慧，待人處事較精明謹慎。

實例

Thank you NANCY 4 UR
Chinese characters AN
This volume brings to

字母 c 較方，表達書寫人比較喜歡從實際出發，一步一步的，做事腳踏實地。

溝通技巧

將不同詞彙組合成句子來表達想法，是人與人之間一種溝通方式。在筆跡心理分析中，書寫風格反映了書寫人內心細膩的思維。要讀懂一個人的溝通方式，就必須認識字母 D 與 Q。這兩個字母，從不同角度暗示書寫人與他人交流時的心態與方法。

為何這兩個字母會有表達溝通的意思？先談字母 D。字母 D 在公元前一千年前的腓尼基語中，只是一扇門，代表開門的意思。形態將現代羅馬字母的大寫 D 字逆時針轉動九十度，垂直一筆在下，圓拱形向上，這樣看來確實與門的外形有些相似。腓尼基語與希伯來文對字母 D 的解釋相同，不過翻查閃米特語族對字母 D 的解釋，則為在水中暢游的魚。從其他字母演變的歷史中，我們看到字母的解釋，即使在不同的年代都是相若的，但字母 D 在閃米特族與腓尼基語的解釋卻差天共地。門屬於陸地，魚在水中，原因是什麼呢？

字母 D 曾無緣無故地在閃米特族的字母中消失了一段日子，而魚在水中游的意思就由字母 N 接管。當字母 D 重見天日的時候，由於不能由不同字母承載同一意思，而當時字母 N 代表魚在水中游的意思已被廣泛使用，所以字母 D 無法承載舊有意思。因字母 D 的外表看來與門的形狀相近，所以當時的人就乾脆將字母 D 改作門的意思。

最先屬於字母 D 的解釋是魚在水中游，代表河與不同地方之間的聯繫，大概也可以合理地解說為與各方交流和溝通。至於門或開門的意思可以解讀為，打開門口讓屋內的人往外走，同時讓屋外的人進來，這就是交流。屋主是主動方，他可以選擇外出，也可以選擇留在家中。所以不同的書寫風格，就暗示了書寫人如何與外界溝通。

大寫 D 字

弧形收筆的一畫往左下延伸，暗示溝通是兩人之間的來往。就好像在街上遇到朋友一樣，一句 Hi 一句 Bye，說過的話不需要太認真，也不需要負上任何責任，「吹水」之道就是如此。

底部留有空間，並不相連，暗示書寫人在溝通的時候把重點放在自己身上，希望通過與他人的對話了解自己多一點。至於與他人相關的內容，通常都會當作是閒話一場。這些閒話在書寫人心中，如果是以交流為前提，其實也是不錯的。

曲線收筆往上延伸，跨過字母，直衝右上角。這樣的人有抱負，是典型的夢想家。他們不善於溝通，但與相熟的朋友傾談時會感到輕鬆自在。

小寫 d 字

垂直的筆畫寫成圈狀。書寫人情感豐富，有同理心，多關顧他人。

垂直的一筆分成兩條相連的直線。書寫人在待人處事上多為跟隨者，與他人傾談的時候，無論說話或是行為，在他人的眼中通常都是慢吞吞，又或是有些做作，希望得到他人的注視。

小寫字母 d 在書寫結構上，分為中區域與上區域。這一書寫方法在比例上，中區域的高度比上區域的高度較長，代表書寫人在交往中採取謙虛的態度。

至於字母 Q 最早的記錄在公元前九五〇年，是腓尼基語的第十九個字母。頂部有一個圓圈，底部有一條垂直線，外形就像一支波板糖。字母 Q 的意思是猴子，圓形的部分像是猴子的臉，至於垂直的一畫就是猴子的尾部。這意思似乎與溝通二字扯不上關係，不過也有另外一個說法，就是這個與波板糖形態相似的字母 Q 其實是象形文字。這個字代表縫紉針，將線穿上針頭的小孔後，便能將分散的動物毛皮連結在一起，成為能夠遮蔽身體的衣服。以這個方向理解的話，就有連結與組合的意味，引申下去，與他人交往的時候總有人負責穿針引線，將不同的人連結在一起，這就是人與人之間的交流。

那麼不同書寫風格的字母 Q，又代表怎樣的交流方式呢？

大寫 Q 字

只有大圈與直線，筆畫簡單俐落，如字帖般的寫法表達出書寫人喜歡直接、簡單的溝通，廢話不多說，坦白最重要。

寫法如同小寫，但字的高度比其他小寫字母高。書寫人在說話、交流的時候，比較謙遜，對話不喜歡轉彎抹角。

傳統字母 Q 的寫法。代表書寫人除了喜歡清清楚楚的溝通以外，更著重條理清晰和細心聆聽。

小寫 q 字

小寫字母 q 垂直一筆原本應該往右轉，再往上延伸，書寫時卻反方向，由往右轉變左轉，使形態像小寫字母 g。書寫人凡事從他人的角度去想，容易遷就別人。

屬於中區域的小圈頂部打開。這類書寫人說起話來滔滔不絕，亦不太理會他人是否聆聽，總之就是喜歡說話。

原本垂直的一筆應在圈的旁邊，但垂直的一筆卻穿過小圈中間部分才延伸到底。書寫人對他人缺乏信任，說話較謹慎。

實例

my friend, I still have dream

字母 d 收筆如鉤一樣往上斜，暗示書寫人對朋友有要求。

Our London busin
is good, but Ber
are quiet Mr.
Lloyd has gone,
Switzerland and

字母 q 的下區域寫成大圈狀，代表書寫人的溝通源自個人感受。

溝通的態度

由懂事一刻開始就開始學習寫中文和英文字。因為英文字的結構比較簡單，所以唸幼稚園的時候，除了先要學會寫自己的名字外，也要學習寫英文字母。各位有否想過哪一個英文字母的使用量最高？面對這條問題，相信不少人可能跟我一樣無法即時回答。

關於英文字母的使用率，坊間有不同的統計方式，美國康奈爾大學數學系、美國語言學會以及牛津大學出版社等機構均提供了不同數據。無論統計基於哪些準則，字母 E 在不同的統計中通常都位居前列，非冠即亞。看到結果，再想想平時所用的英文詞彙，例如：The、Me、She、

He、They、Be 等等都是在英語中常用的字詞，大部分屬於人稱代名詞。人稱代名詞通常都在句子的開端，表達訊息的來源。或許就是這個緣故，增加了字母 E 的使用率。此外，字母 E 亦是英語的元音，也可能進一步增加使用量，讓字母 E 晉身字母使用率的三甲。

相比字母之首的字母 A，字母 E 確實令人驚喜。驚喜不是因為它的使用率很高，而是字母 E 的原來意思就是「驚喜」！

公元前約一八〇〇年，在古埃及的一塊石碑上出現一個圖案。圖案的形態如火柴人一樣，雙手高舉，彷彿興奮地跳躍，這就是字母 E 的前身，名為 He，是因驚喜而跳躍的意思。另外一個說法是這個火柴人雙手高舉，舞動跳躍，其實是在祈求神靈，讚美上主，表達地上的人類與天上神明之間的溝通，希望得到上天的指引。字母 He 屬於閃米特語族的字母，後來腓尼基人把它排在第五位。納入希臘字母後，希臘人將 He 定為元音，書寫形態亦演變為現時所見的字母 E，隨後羅馬人亦採用這個字母。中世紀時期，為了方便抄寫，亦新增了小寫 e。

從古埃及到中世紀的演變，字母 E 除了表達驚喜的意思以外，也有著溝通與獲取指引的意味。那麼在筆跡心理分析上，又該如何理解字母 E？

小寫的字母 e，在筆跡心理分析上是溝通、表達的意思。書寫時，由中區域最底部分開始起筆，然後延伸向右，到達中區域的最頂部，然後回轉往左向下，再往右延伸，暗示溝通表達之初，必先要有實在的話題。了解話題以後，再想想下一步應如何回應，這個你來我往的互動，就是交流與訊息傳遞的真義，所以不同的書寫風格暗示書寫人的溝通態度。大寫字母 E 相比小寫字母 e，承載更深的意義。除了作為溝通表達以外，它還暗示了書寫人在交流時希望傳達的個人形象。此外，特定的書寫風格也展現了書寫人在文化歷史上的興趣。

大寫 E 字

外形如錢幣符號，通常金錢觀較強。中間的一筆，往右延伸且較長，通常表示對外人的態度。雖小心處理，但書寫人偶爾也是一個醋埕。

底下一筆非常長，在溝通與交流上通常自我感覺良好。

書寫人比較有創意，有文化、藝術天賦。

小寫 e 字

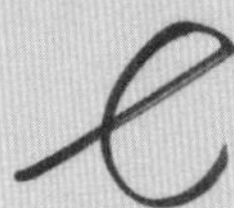

起筆至成圈前為一直線，在一點稍微停頓才往左回轉，以弧形線作結。暗示溝通是單向的，書寫人只希望傳達自己的想法。至於溝通對象所說的話，雖然聽到了，但一點也聽不進去。

圈的位置向上傾斜，右邊騰出較大空間，表示溝通是開放而雙向的。只是如果空間開得太大，就較容易受他人影響。

收筆的一畫往下，表示說的都是晦氣話，心態較負面。

實例

one of my friend will

think during the trip.

6 friends travel together.

字母 e 中間圈狀部分看似填滿，但實際留有空白。書寫人屬於雙向溝通型，心思細膩，溝通由心出發。他們通常比較受歡迎，屬於能談心的朋友。

發掘個人能力

上文曾提及過，英文小寫字母的字形結構有不同區域組合，包括上區域與中區域、中區域與下區域，以及只有中區域的。三個組合共有二十五個字母，剩餘的字母 f 最獨一無二，這是唯一一個字母由三個區域組成。這樣看來，字母 f 就顯得格外有意思。

曾經參加過香港中學會考的朋友也許對這個字母感受最深，最怕在成績單上看到這個字母。原來以字母作為成績評核分級，於六十年代中才出現。早年的考試評分只有優異、合格及不合格。到八十年代中期，從 A 至 F 排列成績，F 級屬不合格，F 級以下的，只有代表不予置評的

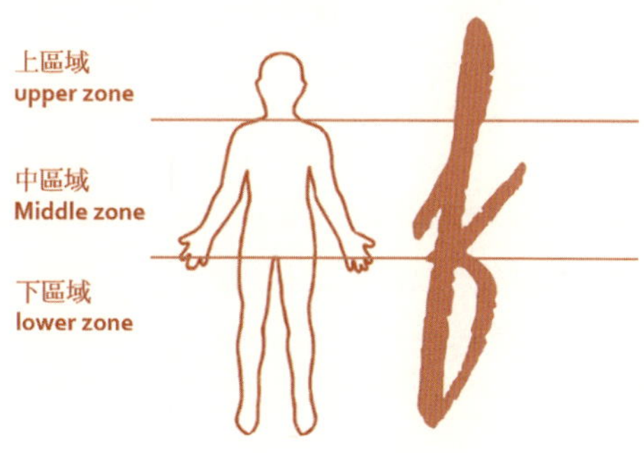

U，所以學生最怕得到代表考試失敗的 F 級。

然而在古代，無論大寫或小寫的字母 F 都沒有失敗的意思。字母 F 源自腓尼基字母 Waw，但只取其音，原因是腓尼基語並沒有 F 的發音。Waw 約有三個意思，其中一個是將帳幕固定在柱上的銀鉤，有懸掛與附屬的意味，也有一說是代表掌舵。此外，字母 F 亦代表數字六，在猶太教的傳統中，數字六代表人類。《聖經・創世記》第一章第二十七節，記載了神在第六天創造人類：「神就照著祂的形象創造人，照著神的形象創造他們，祂創造了他們，有男有女。」所以字母 F 也代表人類的形象。到希臘時期，由於發音問題，希臘人將 Waw 改為 Phi。羅馬人又再重新訂立字母 F 的發音為 f，那是透過唇齒摩擦口腔內的氣流而產生的，與希臘時期發音有所不同。至此，字母 F 已大致穩定下來。

字母 F 的演化過程中，一直以發音與外表形態為主，至於字面上的意義，文獻並沒有特意提及。從這角度看，這與筆跡心理分析中字母 F 所表達的意思比較相近。

在腓尼基語中，F 的外形如字母 Y，當時這個字形所演繹的意思，先是從上而來的旨意，到筆畫交接的位置停下，代表著人將上帝的旨意行在地上。另外一個說法就是字母 F 在當時的書寫形態如男性的生殖器官，在當時的父系社會中解作繁衍生命的力量，人數越多，生產力就越高。亦有一個解說就是筆畫來到中間的位置，代表從上而下的溝通需要先停一停，待溝通清楚後，事情才得以順利進行，所以亦帶有協調的意思。

以上的說法屬真屬假，我們無法確定，但可以看到的是，字母 F 顯示了個人自我溝通與協調的過程，引發對個體如何融入自身心理的思考。回歸筆跡心理分析，還看字母 F 的筆畫如何反映書寫人的特質與情感，讓我們更深入地理解其意義。

草書中字母F的書寫筆畫先由中區域開始，然後往上區域走，到達頂部一個合適的位置後再回轉至下區域的底部，然後返回中區域的位置，連結剛才由頂而下的直筆，再回轉往右向前。字母f的上區域與下區域各自形成一個長長的圈形，較理想的寫法是上圈與下圈的長度比較接近，這也大概是習字簿上字母f的標準形態。

那麼字母f在筆跡心理分析中又有何暗示？在書寫過程中，從起筆到收筆，既由中區域開始，也在中區域終結。書寫的途中又在中區域來來回回，表達我們如何貫徹腦袋裡的理想，並將想法實踐，最後回歸當下反思結果，才決定下一步的方向。想法、執行、回顧與往前走，其實就是生命的流動。人要如何協調一切的人、事、外在環境，在於人怎樣理解自己的想法，並將之實現。這個看似簡單的道理，明白的人很多，但能真正做到的又有多少呢？

大寫 F 字

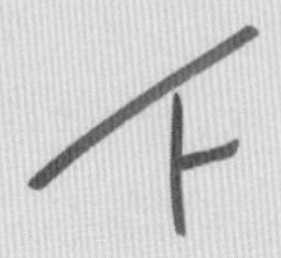

頂部的筆畫向上斜，表達書寫人是一個有理想的人。理想不是憑空幻想，而是需要實證輔助。人是需要進步的。

頂部的筆畫比較長，超過中間筆畫的一倍，暗示個人有很多想法，但不喜歡跟外人分享。

裝飾筆畫太多，表達自己時容易讓人感到做作。但實際上，當書寫人站在人群面前時內心相當緊張。過分緊張會無法清楚看到內心的想法。

小寫 f 字

只有上區域的圈，下區域就只得一條直線，暗示有很多想法需要落實，所以傾向運用可以使用的權力，讓身邊的人成就自己。

上區域只得直線，下區域有圈狀，並回歸中區域部分，以連結上區域的直線。書寫人有自己的想法，亦清楚該如何去落實，明白緩急輕重，會逐步實現自己的理想。

上區域與下區域原有的圈跟左右筆畫重疊，外表看來如重筆的粗直線。這樣的人非常清楚自己的想法與位置，表面上配合其他人的要求，但實際行事時會依舊照著自己的方法，屬於名副其實的「你有你說，我有我做」，外人無法干預。

實例

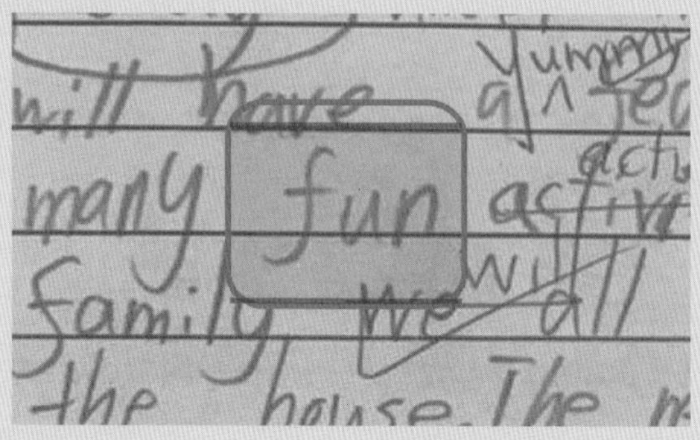

字母 f 的寫法如音樂符號，表達書寫人的音樂天賦。

g

對成功的看法

從外觀上看，大寫字母 G 與字母 C 相似，字母 G 只比字母 C 多了一筆。這兩個字母之間其實曾經存在一些交集。現代字母 C 在字母排列第三位，但在公元前一千年左右，字母 C 尚未出現，排名第三的卻是字母 G。後來不知何故，字母 G 在閃米特語族的字母清單中消失，取而代之的是字母 C。數百年後，因應發音需求，字母 G 被重新納入字母排序中。這樣看來，字母 G 比字母 C 出現得更早。

另一個版本認為字母 G 源自字母 C，這與字母 C 的原本含義有關。字母 G 在收筆的地方多了一條小橫線。字母

C 的意思是駱駝，所以字母 G 參考了駱駝的特徵與頸部的輪廓，以小橫線表達駱駝進食時用牙齒咬斷草的動作。另外，還有一種解釋是養駱駝的人會用一根木棍來控制駱駝，所以字母 G 也有切割、木棍等意思。

在希伯來文，字母 G 代表 Gimel，有說亦來自希伯來文的 Gamal，意思亦是駱駝。Gimel 在希伯來文有多重象徵意義，其一代表武器與衝突，大概可能源自用木棍控制駱駝的概念。除此以外，因為駱駝是善良的動物，而擁有駱駝亦表達富有，所以同時亦代表富人向窮人施捨的行為，某程度上有階級象徵。

在筆跡分析上，字母 G 象徵書寫人對成功的看法，同時亦表達挑戰權威的態度。另一種看法是如何對外，與處理來自外界的目光。不同的書寫風格就有不同暗示。

大寫 G 字

字帖標準形態。書寫人通常都是知識分子，或閱讀愛好者。對他們來說，成功源自知識的增長，不太在乎旁人的目光。

草書的大寫字母 G。起筆筆畫特別長且捲曲。書寫人的佔有慾比較高，所以外出購物的時候，消費的衝動比較強。當中有不少人都是貪吃一族。

頂部的弧形曲線特別長。書寫人想法特別多，希望展示夢想家的形象，讓他人知道他是與眾不同的。

尖角的形態比較多。通常都是耳朵大開地接收外界意見，聽得多就會變得優柔寡斷。

小寫 g 字

收筆筆畫微微向左，表達書寫人在那段時期所做的事情未能完全滿足他們的需求。他們希望看到一些實質的結果，尤其是金錢上的。但在當時的環境難以衡量，所以往往感覺好像尚缺了些什麼。

收筆筆畫由下區域直衝中區域，這表示書寫人的溝通能力非常好，傾向主動關顧他人。

實例

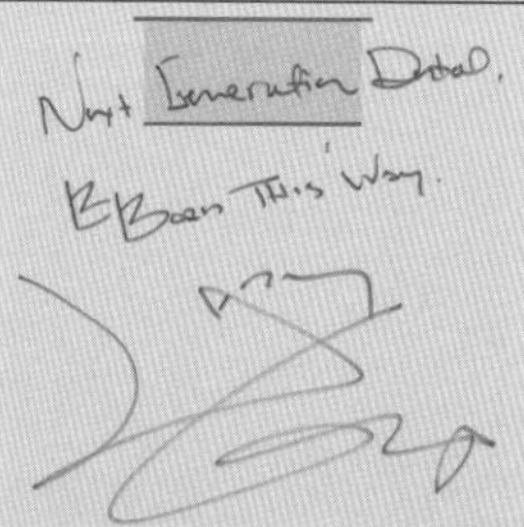

這是來自 Lady Gaga 的手稿與簽名，Generation 的字母 G 呈方形，頂部的一橫與垂直線分開，表達這一代的成功源自能在他人面前表現突破。

(圖片來源：https://upload.wikimedia.org/wikipedia/commons/f/f4/Lady_Gaga_Autograph.jpg)

H

行動背後的動力

每次看見字母 H，都會不期然讓我想起一個外國電視頻道的標誌。這個專門播放歷史紀錄片的電視頻道，是我過往從事財務工作，獨自在外國出差時晚上最喜歡的娛樂。透過這些節目，我可以了解到不同的歷史與文化，讓我在工餘時間能夠豐富視野，讓思維變得更加開闊。我曾在一次招聘中，聽過一位應徵者對這個字母的解釋：這個男生的英文名字是由字母 H 開始，在他介紹自己的時候，他告訴我選擇這個英文名字的原因是字母 H 給他的感覺就像一條階梯，階梯協助我們到達更高的地方，所以想以此表達自己是一個很有抱負的人。這樣的介紹看來是具創意的自我讚許。我相信不同人對不同的字母，總有一些自己的看法與偏好。那麼字母 H 給大家帶來怎樣的啟發呢？

在歷史中，字母 H 最早是古埃及年代的象形文字，意思是圍欄，而在閃米特族的語言中則表達一堵牆或是障礙物，與筆跡心理分析所表達的「行動背後的動力」似乎相距甚遠。不過在文藝復興時期，英格蘭著名作家強生（Ben Jonson）對字母 H 的解讀給了我們一些暗示。在著作《英文語法》（*The English Grammar*）中，他曾談及字母 H 是一個輔音，代表生命的活力泉源。希臘人從其他語系選取不同字母，組成希臘字母，當中有不少字母只取其音，字母 H 亦是其中一種。不過字母 H 的聲調只能作為輔助，不能採納為重音。強生就認為字母 H 不是發音的主角，但因為有輔音的配合，才能使聲調更豐富，所以是重要功臣。以這角度去理解「行動背後」，似乎合理。

字母 H 在希伯來文中，代表張開雙手，迎接從上帝而來的恩典與救贖。或許因為上帝的恩典在背後支持，才能讓我遇上挑戰與困難時，能以更堅定的心去面對。人的心到底有多堅定呢？這就要看不同書寫風格的字母 H 所暗示的含義。

大寫 H 字

兩條垂直線非常直，兩線之間的距離特別闊。這樣的人，做事通常比較果斷，下定決心就勇往直前。然而，如果所有筆畫看來是直筆，但又非筆直的話，意思就會不同。書寫人通常比較大方慷慨，以寬宏大量的態度去處事。

筆畫以一筆過的形式呈現。書寫人特別喜歡解決問題，以不屈不撓的態度提出訴求，並得以解決。

右邊垂直的筆畫到末端轉向左方，再以橫的一筆完成整個字母。書寫人有一顆頑強的心，遇到困境時，會思考各種方式，務求跳出困局。他們是有能力的人。

小寫 h 字

起筆低於圓拱形的兩腳之下。書寫人著重安全，做事非常小心，穩打穩紮，要有把握、有步驟，所以比較堅持。

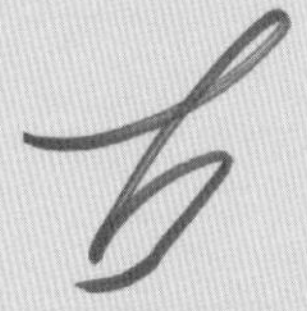

收筆時往左轉。書寫人非常堅持自己的想法，絕不妥協。

圓拱筆畫寫得非常細小，書寫人屬於團隊中的追隨者，自信心較弱，不太表達內心想法，通常需要朋友的支持，處事上非常小心謹慎。

實例

這是來自希特拉（Adolf Hitler）的簽名。右邊的是他的姓氏，第一個字母是大寫 H。希特拉以一筆過的方式書寫，兩條垂直線之間的距離比較窄，表示他的態度非常堅持，不怕困難，實現自己的想法。

（圖片來源：https://upload.wikimedia.org/wikipedia/commons/f/f4/Lady_Gaga_Autograph.jpg）

大寫字母 I

我如何看自己？

在二十六個字母中，大寫字母 I 無疑是最特別的。為什麼這樣說呢？在英文書寫中，大多數字母需要與其他字母組合，才能形成有意義的詞彙，而大寫字母 I 卻是唯一一個可以獨立存在的字母。雖然小寫字母 a 也能獨立使用，但它僅是個不定冠詞，並不具備特殊意義。因此，大寫字母 I 不僅是一個字母，更是一個說明每個人都是獨特個體的符號。它的存在讓我們意識到自我價值的重要性，也強調了每個人的獨特地位。

大寫字母 I 的獨特之處，不僅在於文法應用，更在於代表「我」的概念。這個「我」是獨一無二的，它象徵著個體的存在與自我認同，無論在任何語境中，這個字母都承載著深刻的意義。

究竟「我」的概念是從哪時開始確認呢？早在公元前八百多年前，腓立比語中的字母 I 被稱為 Yod，意指手與手臂，象徵舉起手的姿勢展現出手掌和手臂的形狀。到了希臘時期，希臘人從腓立比語借用了發音，對字形也稍作調整。希臘字母的形態依然是簡潔的直線，但中間有兩個轉折，看起來就像拿起雙截棍時，末端垂直下來的模樣。

進入羅馬時期，由於字母需要雕刻在大理石上，設計上開始採用較粗的線條，以便在石材上刻畫。這樣字母看起來更有分量，彷彿具備穩定性。大寫字母 I 在大理石上的雕刻形態宛如神殿上的石柱，這使得人們對「我」的理解有了新的詮釋。有人認為，人們生來就應該如同這些石柱般堅定地支撐神殿，承擔自我存在的重量，並領受來自上天的力量，撐起一片天。

另一種解釋是從自我中心的角度來看待「我」。大寫字母 I 通常獨自，或作為句子的主語使用。在撰寫以「我」為主的內容時，人們往往將垂直的筆畫寫得更粗，以強調自我的重要性，希望能吸引外界的注意。而且，大寫字母 I 的頂部和底部各有一橫，使字母看起來更加穩定和實在。這種視覺上的穩定不僅增強了字母的存在感，也反映人們對自我形象的重視，讓「我」在書寫中獲得更加鮮明的地位。這一切都表明，對個體而言，自我認同和他人關注有密切關係。

到中世紀時，草書的出現使大寫字母 I 更具意義。草書的設計保留了正楷原來的兩橫一直，並將之連筆。

草書大寫 I

書寫是由最底開始向左往上寫，然後往下轉，形成一個長圈形，然後轉向左下方向上到三分一，以橫筆方式往右畫，仿如兩片花瓣的圖像。位於正中位置的長圈代表母親，形態如懷孕的母親，圈內藏著的是孩子。在孩子出生之前，圈圈就代表孕育孩子的子宮；孩子出生以後，長圈就代表媽媽如何養育孩子，讓孩子受到保護與愛護。所以大寫字母 I 落筆的第一個圈，就代表母親對孩子的影響力。

書寫第一個圈以後，線條繼續往左，然後轉往右方，形成另一個圈。這個在底部的圈就是父親。在傳統的觀念下，男主外，女主內，母親負責在家中養育孩子，父親則是待孩子長大後帶他往外闖，讓他認識這個社會，了解外面的世界。所以大寫字母 I 底部的曲線，就代表父親對孩子的影響力。

除了父母的影響力以外，「我」又是怎樣成長呢？中間部分因線條相交的關係，形成一個倒三角形。這個倒三角形由三條線所組成：位於最上面的橫線，與代表母親的大圈連結；位於左邊的一條斜線，與代表父親的圈相連；位於右手邊的斜線則獨立向右，這個倒三角形就是代表「我」。家是三位一體，有父親、母親與孩子。孩子在父母的影響下成長，成為可以獨立面對外在環境的人。縱然人是外向的，會四處跑，周圍見識，但背後依然有父母的支持，這就是大寫字母 I 給我們重要的訊息。

不過，字母 I 的設計並不止於此。這個倒三角的形狀在中世紀宗教盛行時期，體現了三位一體的概念。聖父、聖子和聖靈三者同為一體，雖然各自不同，但皆是上帝的不同表現。這也是另一個流傳下來，關於大寫字母 I 的說法。

草書的大寫字母 I 中，倒三角形的三條線條都比較平均，那麼在正楷大寫時該如何去看呢？這個正楷大寫 I 同樣有三畫，這三條線的長度比例標準，頂部與底部相若，中間的垂直線比這兩條稍微長，或與這兩條線相若。若所寫的字母 I 與標準比例有分別的話，那就反映出父母與孩子之間在教養上的角力。

大寫 I 字

按標準比例，三條線的比例應該相若，或中間的垂直線較長。中間線條特別短的話，這就代表書寫人很受父母的影響和保護，所以認為自己所做的無法比上父母，因而產生自卑感。

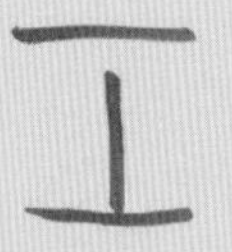

頂部橫的一筆與垂直的一筆沒有相連，暗示書寫人的心裡對母親產生距離感。

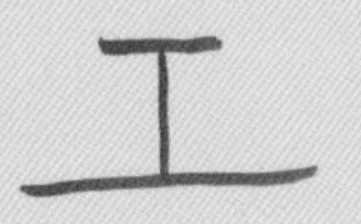

底部的一橫特別長，代表父親的影響力十分重要。

草書的大寫字母I，筆畫捲曲在一起，看來如胚胎的模樣。表示書寫人依然沉醉在父母關愛的懷抱中，在人際關係上只希望被愛。

頂部的一筆如大圈，表示母親對書寫人的影響非常重要。

外表看來與金錢的符號非常相似，表示個人價值觀建構在金錢上，這種想法亦源自家庭。

實例

I has short hair.
I get up half past
I go to bed halt
I have lunch half past

垂直筆畫比較直，沒有微曲的狀況，表達書寫人的自信。

小寫字母 i

告知你想得有多遠

用字母談筆跡，一般而言同一字母，不論大寫與小寫，大致上也是相通的，不過上篇談到大寫字母 I 獨一無二的特質，在分析字母筆跡上也有其獨立的個性，因此需要另外專門討論如何處理餘下的小寫字母 i。小寫字母 i 在外形上與大寫字母 I 的最大不同之處，在於小寫 i 字除了是垂直筆畫較短外，在頂部還多了一點。在中世紀，專門負責抄寫經文的人員看到字母 I 的結構非常簡單，只得一條垂直線，為了區分大寫與小寫，他們先將筆畫寫得短一點。但其實也不容易分辨，於是抄寫員就在頂部加上類似音標符號的一點，小寫字母的形態就此確立。

除了字母的外形，小寫字母 i 與大寫字母 I 最大的不同，在於大寫字母可以獨立成為一個詞彙，而小寫則無法做到。小寫字母需要與其他字母結合，才能形成有意義的詞語。書寫時，字母的形態及版面上的排列，往往會受到其他字母的影響，暗示書寫人在思考或行動時會受到外部的影響，這也具體反映在筆跡分析理論中。小寫字母 i 的形狀看似簡單，但書寫風格則會反映出書寫人的內心狀態及與環境之間的互動。

先看小寫字母 i 的設計，垂直的一筆比大寫短。這一條直線的標準高度其實位於中區域，原因是中區域表達了我們的日常生活。這個存在於中區域的字母 i 雖然是小寫，其實也反映個人對生活的看法，重點是要留意小寫字母 i 的高度與其他字母的分別。若果高度比其他字母低，這就反映對自我的批評，從正面的角度看，可以說是對自己有要求，只是要求可能太高，所以並不滿意；相反地，若小寫字母的高度比其他字母高，就是把自己看得比較重要。

至於小寫字母 i 頭上的一點，反映出個人思考的視野有多遠。不同的高度與位置，就有不同的意思。

一點不在其位，反映出書寫人做事比較草率，馬馬虎虎地過日子。

一點比上區域的筆畫更高。書寫人通常對哲學與心理學等範疇的感知度較高。

一點緊貼在垂直筆畫的頂部。這類書寫人通常都是完美主義者，對人、對事的要求極高，記憶力很好，做事心思熟慮；缺點只是過分保守，不敢為自己想得更遠。

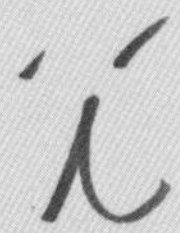

標準是頂部只有一點，不過有些人會多加一點。反映他們在書寫的時候，習慣思前想後，下不了決定。

實例

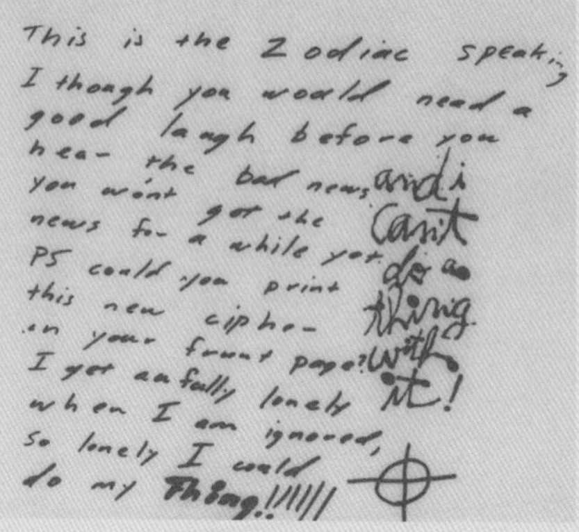

This is the Zodiac speaking
I though you would need a
good laugh before you
hear the bad news
you won't get the
news for a while yet.
PS could you print
this new cipher
on your front page?
I get awfully lonely
when I am ignored,
so lonely I could
do my Thing!!!!!!

and i can't do a thing with it!

這是二十世紀六十年代，活躍於美國的黃道十二宮連環殺手的手寫信。他曾經將三封以符號、繪畫組成的密碼信寄往報館，並要求刊登，宣稱只要有人能夠解開信中所有密碼，就必定能找到他。這些案件已發生超過五十年，可惜至今仍未有人能夠破解最後一封信的密碼，所以仍未破案。

這名殺手所寫下的小寫 i 字，頂頭的那一點，剛好落在垂直筆畫的頂部，正正反映出這名殺手計劃周密，深謀遠慮。

實例

at the end of the reporting period,

is as follows.

書寫人將小寫字母 i 的一點寫成短小的橫筆，剛好停在垂直的筆畫上。表達書寫人做事比較保守，凡事小心。

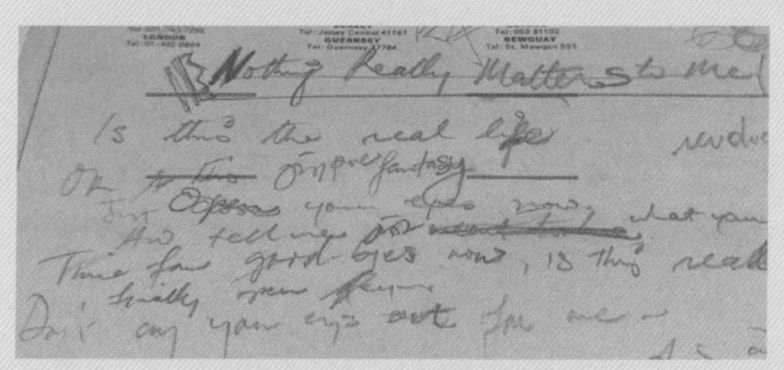

這是來自一代搖滾巨星費迪．墨格利（Freddie Mercury）的真跡手稿，是在創作時隨意寫下的字。小寫字母 i 上面的一點是一個小圈，這類人藝術觸覺比較重。

自我感受

上文分別提過大寫與小寫的字母 I，之後不得不提的就是字母 J，因為這兩個字母的關係非常密切。原來字母 J 在十四世紀才出現。羅馬帝國整理字母表之初，最先是從希臘字母中選取十三個字母，修改部分字形，後來再增加十個字母。直至公元前一百年左右，羅馬時期所訂立的字母表只有二十三個字母，當中並沒有字母 J，原因大概是古代拉丁文中沒有這個發音。十四世紀初，各國間頻繁的交流促進了語言的演化，為滿足發音的需求，就增加了字母 J 的音節，但書寫上卻借了字母 I。不過後來因為 J 音的使用越來越頻繁，導致這個字母的出現。因為一直以來都是借用字母 I 作為書寫體，所以字母 J 的設計就名正言順地建基於字母 I 的書寫形態。

若大家對比字母 I 與字母 J，不難發現無論大寫或小寫，兩個字母在外形上和書寫方式上都非常相似。其實小寫字母 i 與 j 之間的關係非比尋常，值得深入探討。大寫字母 I 與字母 J 的字形結構都在中區域與上區域；小寫的相近度就非常明顯，唯一不同的地方，就是字母 j 的筆畫從中區域一直延伸到下區域為止。兩者的分別就出現在下區域。

這種寫法大致可以從兩個角度來理解。首先，這是源自中世紀的書寫習慣。當時書寫法律或宗教文件時，人們非常注重書寫字形上的細節，尤其喜歡延伸最後一筆。在書寫字母 I 時，會將垂直的筆畫延伸到下區域，即使下區域的部分其實並不存在。字母 J 長久以來都是借用字母 I 的書寫形態，所以在書寫上倒不如延伸至下區域。這樣的設計變得順理成章，十分合乎邏輯。

另外的一個說法與筆跡心理分析上的演繹最為相近，無論大寫或小寫的字母 I，在字母結構上都屬於中區域或以上，表達這個「我」如何活在當下，如何處理人與人之間的關係，以及如何面對正在發生的事。這一切都表達了一個獨立個體在現實生活的一些行動與反應，正如我們在工作間處理日常事務一樣，既理性又實在，當中較少涉及個人情感或情緒。這裡所說的個人情感或情緒，大多因為過往的經驗與經歷，或多或少會在各人的心裡留有一些情感。

那麼在日常生活中，究竟應該是理性先行或感性先行？表面上看似個人選擇，但內心的感受往往會有所影響。因此，字母 J 的筆畫向下區域延伸，正是給自己一個機會去了解內心的感受。然而需要注意的是，這些感受不一定會完全影響個人的決策能力。影響有多大，則取決於字母 J 的書寫方式。

大寫 J 字

筆畫欠缺曲線，底部形成密封的三角，表達出書寫人的態度比較強勢。這類人思考最注重邏輯與實在，對自己的想法很有信心，所以通常很堅定且自信地追求目標。然而他們很少面對自己的情感，所以亦很少理解他人的感受。

在上區域與中區域以一個大圈填滿，下區域部分則以小圈作結。整個書寫動作一筆到尾，字形結構的三個區域緊緊相連，表達書寫人由內至外，都善於關顧他人感受，既能面對自己的情感，同時亦關顧他人的感受，尤其是與家人的關係。為人亦具社會責任，願為社會發展作出貢獻。

將原本寫在下區域的半圈寫得很小，暗示書寫人是一個意志堅定，性格獨立的人，實事求是。

小寫 j 字

書寫人將下區域的半圈筆畫延長，並捲曲在半圈內。表達出書寫人表面大方，但內心容易利令智昏。

底部的圈圈寫得非常小。這樣寫的人在選擇朋友上非常小心。

底部的圈圈在收筆的時候往上延伸且向右，橫跨了中區域。這類書寫人通常擁有一顆無私的心，想法較正面。

實例

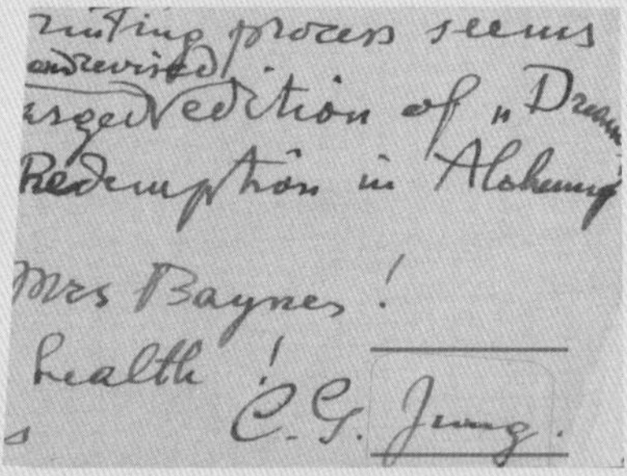

這是來自著名心理學家榮格（Carl Gustav Jung）的字，姓氏的第一個字母是 J。上半部的曲線與下半部的小圈，看來大小相若，這樣寫的人表示他希望能夠完全實現自己的想法。

(圖片來源：<https://upload.wikimedia.org/wikipedia/commons/0/0c/Letters_from_Carl_Jung_Wellcome_L0051740.jpg>, via Wikimedia Commons)

不是善男信女

字母 P 與字母 K 的使用率，在不同時期的排行榜通常都位居榜末，顯示它們在英文詞彙中並不常用。然而，在筆跡心理分析中，我們通常希望在客人的手稿中看到這兩個字母，原因是這兩個字母能幫助我們理解書寫人的性情。

字母 P 最早出現於公元前一千八百年的閃米特語族字母，意思是口，形態如咧嘴大笑的嘴巴。後來書寫形態在腓尼基語被簡化，筆畫只剩下右邊一條弧形線。直到大概公元前二百年左右，羅馬帝國重新整理字母的外形，演化成為現今字母 P 的模樣。

希伯來文中亦有 Pen，意思除了代表嘴巴以外，亦進一步演繹為說話與表達的能力。話語可以用來傳達律法與好的思想，也可以傳達壞的訊息。人與人之間的交流能賦予生命的動力，所以是神聖的。

究竟是否因為這些解釋，令字母 P 在筆跡心理分析上能夠反映書寫人的脾氣？我們無從稽考，那就倒不如看看字母 P 的不同寫法，又有何暗示。

字母 P

垂直的一筆長而直，在字母的比例上，下區域部分最少超過中區域的兩倍。這類書寫人通常對自己的能力有信心，然而外人看來比較自負。

有一尖角狀的起筆筆畫，這個筆畫比原本右邊小圈的頂部還要高。這類書寫人具有探索思維，思考時想得很深入，因此喜歡表達自己的想法。這些想法對他們來說是無堅不摧的，當持有相反意見的人參與到對話其中，就很容易將對話變成爭論。

書寫時先有起筆，筆畫往上再往下轉，成為字母 p 原有的垂直筆畫。起筆在字母 p 的小圈上形成另一個小圈，表達書寫人有自己的意見。這些意見是在溝通的一刻，由創意的概念轉化而成。在爭論的過程中，一貫創意無限的本色。

右邊弧形筆畫的尾段轉往右邊時，形成一個小圈。這類書寫人具商業頭腦，管理能力高。

頂部的弧形曲線與垂直一筆並不相連，書寫人最愛與人溝通，非常喜歡有人聆聽他說話。不過這不是雙向的，因為他絕對不是一個好的聆聽者。

底部多了一橫。這類人有藝術的觸覺，希望得到注視。

字母K又是否如字母P那樣，能夠完全反映個人的性格呢？

在公元前二千年，字母K在希臘的石雕塑出現，屬象形文字，形態為張開了手。這個字母後來為閃米特語族採用，字母的形態亦有所改變。外形像開口的碗狀，碗的中央有兩條垂直線，整體看來就如張開手掌一樣，表達手掌的意思。隨後字形再簡化到只剩三條直線，與現在的字母K形態較相近，雖然改變了字形，但意思依然是手部。

隨後希伯來文字對字母K（Kap）有進一步演繹。手的象徵意義十分重要，《聖經・詩篇》第九十篇十七節：「願我們神的榮耀歸於我們身上。願祢建立我們手所做的工；我們手所做的工，願祢堅立。」《馬太福音》第十九章十三節：「有人帶著小孩子來見耶穌，要耶穌給他們按手禱告。」這裡所說的手，代表從天而來的力量。能力與交流，也代表從恩典而來的平安與和諧。

我們無法從歷史看出字母K是否表達壞脾氣，不過至少可以確定的是，字母K有著從交流帶來和諧的暗示。在筆跡心理分析中，不同形態的字母K又表達了怎樣的交流方式呢？

字母 K

右邊 V 字的中間位置穿過了垂直的筆畫，形成一個小圈。這類書寫人特別喜歡與人相處，尤其是老朋友。他們通常較念舊。

草書字母 K 最後如字母 R 的筆畫，中間部分並沒有連接垂直筆畫，書寫筆畫草草了事。這類書寫人，並不注重自己的外表，通常都不修邊幅，不理會他人眼光。

這個字母 K 剛好與不修篇幅的字母 K 行為相反，這類書寫人極度重視自己的形象，對他們來說，有形象就有自信，只喜歡與外表亮麗的人溝通與合作。

右邊橫向的 V 字形態，轉角位形成尖角並穿過了垂直的一筆。這類書寫人很有自己的一套想法，不容易接受他人意見，尤其是異性，所以很容易與人爭拗。

右上角的傾斜筆畫特別長，整體看來，字母 K 上半部的比例比下半部大，看來有點頭重腳輕，並不平衡。這樣的人通常比較煩躁，容易發怒。

外表看來花枝招展，裝飾筆畫特別多，讓人看得眼花繚亂。這類書寫人特別希望受到重視，擁有非常個人的品味。

實例

這是美國著名的饒舌歌手肯卓克・拉瑪（Kendrick Lamar）的簽名。從二〇〇三年出道至今，他共獲得二十二次格林美獎，在第五十八屆格林美獎中獲得十一項提名，創下饒舌歌手最多提名記錄，被形容為當代最具影響力的音樂人之一。簽名中的字母 K 如 V 字形般微微向上斜，尖角位置穿過垂直的一筆，表示他有自己一套想法與態度，並對此滿有信心，不會隨波逐流。

(圖片來源：https://upload.wikimedia.org/wikipedia/commons/e/el/Kendrick_Lamar_Signature.svg)

實例

這是來自著名心理學家佛洛伊德（Sigmund Freud）的手稿。他所寫的字母 p，先有尖角狀的起筆，屬於中區域的也是尖角狀，表達書寫人非常有原則並不妥協。

（圖片來源：https://upload.wikimedia.org/wikipedia/commons/5/5f/Sigmund_Freud_-_Letter_on_homosexuality_-_London%2C_6_December_1938_-_2.jpg）

個人魅力

在我收到關於筆跡心理分析的問題中，其中一個常被問到的問題是，最早的筆跡心理分析源於法國，然後才輾轉傳到英語系國家，因此許多人認為不同語言的筆跡分析方法應該存在差異。對此，我認為可以這樣理解：筆跡心理分析主要關注書寫的線條，無論使用哪種語言，只要有線條就可以進行分析。

在西方的語系中，無論是什麼語言，若大家細心留意的話，其實也是不同字母的組合，所以一直傳承下來的分析方法依然可用。不過在非字母類別的語言中，就必須要懂得語言的結構，才能解讀當中的特質與相對的性格演繹，當中涉及不同的文化與歷史背景。所以要將西方的筆跡分析系統應用於不同語言的話，就必須重新審視，因為研究性格特質並不如坊間那些輕輕鬆鬆的性格測試，是需要認真對待的。

就算是西方的語言，在過往的經驗當中，我察覺到字母 L 的筆跡特點都帶上當地特質。英國貨幣符號£（英鎊）是由中世紀時代的字體而來，所以在分析來自英國的筆跡時，我們偶爾也會看到有些人將字母 L 寫成英鎊符號的模樣，有些則表現在簽名上。這樣的寫法代表對金錢的觀念比較重，對分析英國的書寫人是正確的。我很少在其他地方成長的人看到這樣的寫法。有一次我在一位華人手裡收到這樣的寫法，但由於他從小到大都是在英國生活，所以我對他寫下這個符號並不感到奇怪。由此可見，筆跡在某些細節位上其實也有地域的界限。

字母 L 在筆跡心理分析上，暗示個人魅力的來源。當然這並非魅力那麼簡單，還包含個人學識、思維、對他人的影響力。因為這樣才讓人感到親切，並希望多加交流。那麼為何字母 L 會有這樣的演繹呢？

字母 L 的祖先是希伯來文的 Lamed 與希臘文的 Lambda，意思大概是趕牛的木棍。不過有考古學家認為象形文字中並沒有這種工具，所以這個解釋並不合理，不過可以理解為當時以鞭驅趕牲畜的行為。從這個方向去演繹的話，這個行為要指導牲畜奔走的方向，教導他們作出正確的行為。從牲畜的角度看，也有學習的意思。這個解釋與筆跡心理分析的解釋並非完全相符，但可以理解為牲畜受到鞭子的影響。雖然這個解釋看起來有種「粗獷」的感覺，沒有「魅力」的溫柔與吸引力。英國著名劇作家強生在關於英文語法的著作中，曾經談過字母 L 最為詩人採用，原因是字母 L 的發音溫婉，表達了柔和與韻律的流動。或許就因為這樣，為字母 L 的魅力，添上一份優美的吸引力。

究竟大家所寫的字母 L，又有沒有下列書寫風格所談到的魅力呢？

大寫 L 字

只得橫線與直線，簡單又直接。
這類書寫人擁有敏銳的直覺和靈活的思維，他們的個人魅力來自高效的處事能力。

草書大寫，底部的圈相比頂部的圈大很多。這類書寫人在管理財務方面非常出色，對自己的能力感到滿意，有時也會顯得有些自負。

草書頂部的圈比底部的圈大很多。這類書寫人特別喜歡照顧他人，能夠關懷他人。

草書大寫起筆的一畫如字母 c 的形態，字的中央額外加上兩條短小的橫線。單從外表看，字母的外形如英鎊符號。這類書寫人重視物質，具備管理財務的能力。金錢是展現個人魅力的重要因素。

草書大寫以曲線為主，結構上下平衡，韻律擺動，既自然又和諧。這類書寫人對美有很高要求，魅力對他們來說是天生，且自然而然的事，他們能輕鬆地展示個人的氣質。

小寫 l 字

以曲線筆畫一筆而成，筆畫之中並無任何停頓或呈微微尖角狀，兩線之間能有一個平均闊度的橢圓。這類書寫人通常顯得感性，傾向感受不同的概念。他們認為創意是生活的必需品，對沉悶的生活方式十分反感。

實例

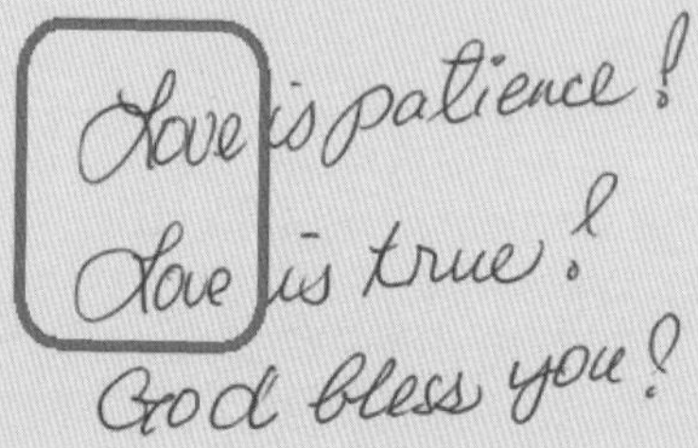

底部的圈比頂部的圈大。表達書寫人對自己的工作能力很滿意，也認為可以推己及人，讓同事跟隨他的想法而行。

講關係

字母 M 在英文字母中排行十三。有說字母 M 源自青銅中期文化時期字母（Proto-Sinaitic Script），約出現在公元前一千五百至一千七百年，是刻於廟宇內的象形符號。這些符號表達字母的讀音，後來演變成古埃及時期的表意文字、希伯來文與希臘字母。

這個 M 字在古埃及文裡，從表面的圖案看就像波浪，正好表達水的意思。而在希伯來文字母中，M 同樣排第十三，意思亦與水相關，可解釋為水、水流、河流，有流動與互動的含意。除此以外，又有另一說法：M 字與希伯來文裡的 Mi 和希臘文裡的 Mu 意義相同，有對外延伸、對個人身分質疑，以及探究根源等意思。為何這樣說？因為 Mi 和 Mu 原來的形態是垂直的，呈從上而下的連貫 z 狀，暗示「我」在天上與地面之間尋根。後來改成橫寫，表達「我」並非單獨停留在原地，而是與外在環境配合，當中就表達人與人之間的互動與生命的流動。這與古埃及文字所說的含意相符：有水的地方，就有生命；有水流，就有向前且沒有間斷的動力。以上有關字母 M 源頭的說法，聽起來有點複雜，不容易理解。那麼英文字母 M 又有何意思呢？

英文字母 m 的形態，包含兩個拱形的 n，所以要從 n 說起。字母 n 有兩條垂直的筆畫，第一條垂直線是「我」，第二條垂直線是「你」，所以 n 本身有「我」與「你」之間的連結與聯繫的意思。而 m 比 n 多了一個拱形，多了一條垂直筆畫，這又該如何理解呢？

m 最右邊的垂直筆畫，代表「他們」，所以英文字母 m 有「我」、「你」與「他們」的含意。在書寫時，以一筆將三方相連，當中的交往關係是人與人之間的交流。人來人去，就如水的流動，亦是時間與生命的流動。回歸字母 m 之原意，如前所述，如水、如生命、如人際互動的意思。

因此如何書寫字母 m，便隱藏了個人對人際關係和對外在環境的看法。不同人所寫的 m 各有不同，以下選擇較常見的：

字母 M

第二個拱形的頂部比第一個拱形高，代表行為與思考容易被外在反應所帶動，反映了書寫人對自我肯定或被認同的渴望。
如果這個書寫風格的字母 M 屬於字詞的第一個字母，表示書寫人較在意外界的意見與認同。

第一個拱形的頂部比第二個拱形高，代表行為與思考被內心帶動，以思考為尊，較重視個人觀點。
如果這是放在字詞的第一個字的話，那就表示了書寫人的行為舉止有個人氣質與風度。

筆畫相連，甚至原本垂直的筆畫因筆觸相連的關係而形成圈狀。這樣寫的人比較杞人憂天。喜歡看動畫的朋友會明白，他們就是典型的「阿愁」。

第一筆的開端有一個大圓點，暗示書寫人非常享受物質上的成功。那就是說賺錢多是一件賞心樂事。

起筆呈尖角往上延伸，之後兩個如小丘狀的圓頂寫成尖形並微微往左斜。這類書寫人在關係的處理上，務求令人有深刻的印象。

兩個如小丘狀的頂部看來比較扁平。這類書寫人有雅量，樂於助人。

至於字母 N 是在埃及時代所創造。在古埃及的宗教中，有一位名叫荷魯斯（Horus）的神明。有看過古埃及文明圖像的話，大概也會有一點印象。他穿著典型的埃及服裝，拿著一支如棍狀的武器，有著人的身體，但頭部是鷹。大寫字母 N 用來形容荷魯斯走路的形態，所以在某程度上有跨步往前走，與外界聯繫的意思。

也有另外一個說法，表示這個字母象徵蛇。蛇的行走姿勢就如蜿蜒的尼羅河一樣，滋養著世間萬物的生命。在腓尼基語與希伯來文中，N 字代表魚，大概也代表魚在水中游動的形態。

以上的說法雖然各有不同，但共通點是在不同的環境中移動與聯繫。字母 N 表達對你與我之間關係的看法，這與古代創造字的原意有點相似。當個人離開自己的舒適圈，往前走動，免不了會遇上不同的人。魚在水中四處游動，遇上不同的魚類，可以各有各游，也可以碰碰嘴；古埃及神明荷魯斯往前走，亦是與外在環境產生連結；尼羅河滋養著不同的生命，將不同的地區連接在一起，方便交流與溝通，將關係拉近。所以想知一個人如何看待關係的建立，就看他怎樣寫字母 N。

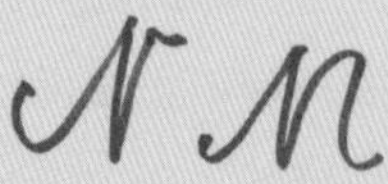

起手的筆畫特別長，且在最先的位置。還有清楚易見的墨點，這一點的出現，主要是因為落筆時停頓時間較長。若書寫人有這樣的寫法，就暗示過往所發生的一切會影響關係的建立，所以第一印象對書寫人尤為重要。

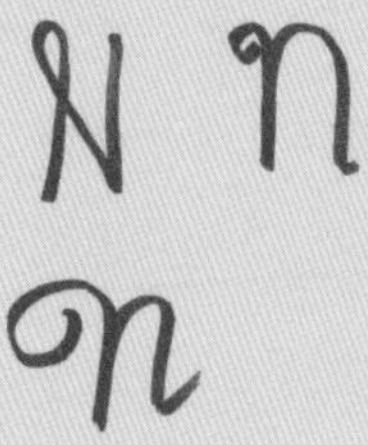

談到人際關係的處理，最怕的就是事事放在心，心生妒忌。有這樣行為特質的人，所寫的 N 字，在最初通常都會有一個圈狀的筆畫。那個圈狀的筆畫有多大，表達嫉妒的方法就各有不同。圈小的話，一切在心中；圈大的話，可能是一個大醋埕。有伴侶或打算認識另一半的朋友，碰到這樣的書寫形態，就好自為之了！若果是一個特大的圈，但圈的形態並沒有緊閉，意思就完全不同。超大的圈原來表示書寫人特別喜歡親自處理金錢，錢要經過自己的手裡，才有價值。

筆畫以直線居多，表示出待人處事最喜歡簡單直接，效率為重，不太喜歡處理複雜的人際關係。

第一筆與圓拱形的頂部並不相連。這類書寫人在面對人事問題時，決斷力不足。

外形看來比較長而窄。這類書寫人比較內向，不太喜歡參與複雜的人際關係。

實例

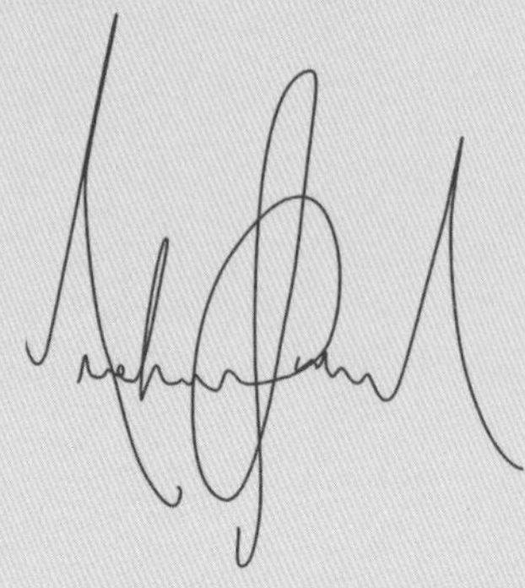

這是來自米高・積遜（Michael Jackson）的簽名。第一個字母是大寫 M，字母 M 的第二個拱形的大小以倍數方式超越第一個拱形，這表示了米高・積遜非常在意外間對他的看法，亦希望自己的外在形象能被公眾認同。

（圖片來源：https://upload.wikimedia.org/wikipedia/commons/0/04/Michael_Jackson_signature.svg）

小寫字母 n 的頂部呈尖角，暗示書寫人事事求真。

愛吃愛說

從字母 E 的書寫形態，我們可以看到書寫人對溝通方式的喜好。在筆跡心理分析中，除了字母 E 代表人與人之間的交流以外，字母 O 亦給予我們一個重要的訊息。但其實字母 O 這個字，有沒有字母 E 那樣，有著溝通讓人際交流充滿驚喜的意思呢？

字母 O 與字母 E 皆源自古埃及時期，但它們的意義各有不同。字母 O 源自一個常見的象形文字，形態如瓜子一樣、扁長的橢圓形，中央有一個圓形。這個圖像不需要解釋，一看便知那是眼睛的模樣。字母 O 除了象徵眼睛外，還代表一切視覺可見的事物。

大約在同一時期，閃米特族的官員在埃及選取了二十多個象形文字並帶回閃米特族，成為族人使用的字母。字母 O 在演變下，形狀逐漸演變到只剩下中央的眼珠，就是現在所見的小圓形，這個形態在腓尼基字母中依然存在。

希臘人同樣選取這個小圓形作為希臘的字母，並取其音。至於與希臘文字一樣，從腓尼基語演變而來的希伯來文，除了讓字母 O 表達視覺以外，更帶有水的源頭之意。後來希臘字母在此基礎上稍作改變，將小圓的底部打開，演變成為我們熟悉的希臘字母 Omega，並稱之為大 O，排在字母序列的最後，象徵終結。

在筆跡分析中，字母 O 與字母 E 屬於同一分類。字母 E 反映溝通的態度，但為什麼代表眼睛的字母 O 也被視為解釋溝通的符號呢？我的理解是這樣，眼神交流可以傳遞各式各樣的訊息，這也是一種溝通方式。眼神交流不僅是人類的行為，動物也常透過眼神來傳達訊息。喜歡看動物紀錄片的人可能聽說過，在荒野中遇到肉食性動物時，切記不要與牠們直接對視，這是一種危險的訊號。因此，眼神接觸實際上是一種非常重要的非語言表達。在筆跡分析中，不同的書寫風格也傳遞不同的訊息。

將字母 o 寫得張口大開的人最愛說話，什麼也說，就是停不了口。有秘密的話，切忌跟他們說。就算是千叮萬囑讓他保守秘密，他還是無意地將話傳揚開去。

將字母 o 寫成類似方形的人該說就說，說的都是實話。只是為人通常都較為古板。

在中央加一橫線，書寫人被認為計算能力特別強。

將短小筆畫垂直畫在圈內的頂部，意味著話語中隱含一些未明言的想法，存在某些隱藏的內容。

開筆與收筆交疊在一起，代表書寫人在溝通交流中並不完全誠實。

中間位置看似被填滿，其實書寫時沒有特意將中央填滿，只是筆畫太粗，讓人看來好像淹沒了中間部分。這樣寫的人最愛吃，能吃就是福。

實例

這是來自美國總統特朗普（Donald Trump）的手寫字與簽名。無論是這份手稿，或是特朗普的手寫字，我們都不難看到字母 o 的頂部，通常都有一條短小的筆畫插在緊閉的圈內。這個解釋應該不需要明示吧！

(圖片來源：https://upload.wikimedia.org/wikipedia/commons/5/56/Donald_Trump_writes_letter_to_a_soldier_during_Easter_egg_roll_%2834224812752%29.jpg)

R

創意何在？

大約在公元前一千八百年左右，在埃及的沙漠中發現一塊刻上閃米特字母的石頭。石頭上面兩個字母相信是 R 及 B，意思大概是領袖或者希伯來文的拉比（老師）。字形如人的頭部，歷史學家按照字的形態估算，這應該是來自古希臘的象形文字。直到大概公元前二百年左右，字母 R 的字形才與現在的字形相若。

字母 R 在希伯來文的名稱是 Resh，意思是頭部或一切的起源。這個字母的象徵意義與領導者息息相關，代表由領導者的思想引領邁向新的開始。由此看來，創意可以理解為整合腦海中的知識。這些知識可能源自過去的經驗，從而產生新的概念，並將概念體現在生活中，這就是創意。創意不僅僅展現了想像力，更是將不同元素融合在一起。在不受傳統的束縛下，敢於探索未知的領域。因此，了解和發掘創造力是非常重要的。

英國著名劇作家強生在著作《英文語法》中，對於字母 R 就有一個頗有創意的解釋。他認為字母 R 屬於狗，是狗以舌頭與牙齒在口腔內製造聲音的意思，因此在莎士比亞的作品內，較常出現以字母 R 來替代狗。喜歡閱讀莎士比亞作品的朋友，有沒有在作品中留意到這個象徵狗的字母？

接下來，就讓我們通過以下的書寫風格，來重新認識和提升自己的創造力。

大寫 R 字

短小的起筆微微向上，然後往下轉，在轉角的位置形成尖角。垂直的筆畫往下延伸到底部，再回轉上去，約在中間部分開始右邊弧形的筆畫。這樣寫的人事業心較進取，創意來自進步與創新的思維。

底部貼著書寫基底線的兩腳，左邊比右邊長。這類書寫人的創意來自解決人際問題。

書寫筆畫看來簡單。書寫方式由垂直筆畫的底部開始，向上延伸，以一筆過的方式完成整個字母。要留意的是，字母 R 的中央部分呈 V 形的尖端，與垂直筆畫並不相連。另外從左至右寫的收筆筆畫比左邊直線的底部較短。這類書寫人擁有卓越的抱負，創意源自專注和實現夢想的方法。

小寫 r 字

左右兩邊微微彎曲向上，比較平衡。字母頂部書寫成一條直線。這類書寫人特別善於手作工藝，這就是他們的創造力。

頂部形成尖角。這類書寫人善於觀察，思考敏銳，分析能力極強，善於通過提問找到可以創新的地方。

垂直的筆畫變成圈狀。這類書寫人守口如瓶，不容易讓人察覺到他們的創意來源。

實例

Elizabeth the Second,

by the Grace of God of the United Kingdom of Great Britain and Northern Ireland and of Our other Realms and Territories Queen, Head of the Commonwealth, Defender of the Faith,

To Our Magistrates for the North Westminster Division of the Inner London Area

and all others whom it may concern, Greeting!

Whereas Jean Moyo at Wells Street Magistrates' Court on the seventeenth day of February 1977 was convicted of unlawfully causing a vehicle to wait in a restricted street during the prescribed hours contrary to Article 5 the City of Westminster (Waiting and Loading Restriction) Order 1976 (As Amended) and Section 6 (9) of the Road Traffic Regulation Act 1967 (As Amended) and was ordered to pay a fine of ten pounds;

Now know ye that We in consideration of some circumstances humbly represented unto Us, are Graciously pleased to extend Our Grace and Mercy unto the said Jean Moyo

and to pardon and remit unto her the fine imposed upon her as aforesaid;

Our Will

Remission

JEAN MOYO
CRI/76 444/37/51

這是來自已故英女王伊利沙伯二世（Elizabeth II）的簽名。最後一個字母 R 並不是小寫。這個書寫方式是因為愛爾蘭文字中並沒有小寫字母 r，所以女王簽名上的字母 R，暗示她小時候用愛爾蘭文字帖學習書寫。

(圖片來源：https://upload.wikimedia.org/wikipedia/commons/5/5f/677821-0-Elizabeth_II.jpg)

S

常識與判斷能力

早前我們談到字母 L 的其中一種書寫形式像英鎊符號(£)，具有地區性的象徵意義。在使用英鎊的國家以外，不太容易在其他地區的人身上看到這種書寫風格。在二十六個字母中，與此類似的有字母 S。如果在字母 S 的上方加一條垂直筆畫，將原本的字母 S 平分為兩份，它的形狀就像另一個貨幣符號（$）。這種寫法在英國較少見，但在美國則更常見。通常將貨幣符號融入書寫中的人，會表現出對金錢的重視。此外，不同的書寫方式，也表現出不同程度的個人常識與判斷能力。

字母 S 為何有這樣的象徵？字母 S 的祖先源自公元前的

閃米特語族字母，其外形類似現在的字母 W，象形字代表射手的弓箭。然而在腓尼基語的解釋中，它的意思是牙齒，與閃米特族的解釋截然不同。到希伯來文時期，字母 S 被稱為 Shin，意思涵蓋了牙齒與射手的弓箭。這兩個象徵意義雖然在表面上看似無關，但實際上與筆跡心理分析中解讀為常識與判斷能力之間存在某種聯繫。

在進食時，牙齒幫助咬碎食物，方便吞嚥外也增加表面面積，使身體更容易吸收養分。將這一概念轉化到學習上，我們透過閱讀各種書籍，消化內容，讓知識在腦袋裡吸收並重新整理，成為經驗與智慧的一部分。從這個角度理解，基本的認知學習便與字母 S 的象徵意義相連。

至於射手的弓箭，放箭前需要將箭頭放在弓上，並需要射手的精準判斷才能瞄準目標，百發百中。這同樣適用表現個人的判斷能力。因此，字母 S 可以解釋為個人知識與判斷力的標誌。

大家可以通過以下不同風格的字母 S，來評估自己的常識與判斷力的程度。

大寫 s 字

上下兩個弧形筆畫看來比較平衡，形態大小與弧度相若。這類書寫人是典型的完美主義者，他們在某些領域擁有天賦和能力，聰明且具備強大的判斷力。

形狀較長而窄，代表這個人較內斂，不容易表達情感。他們往往將想法藏在心底，很少展現自我。其實所寫的字母 s 外形如音符，不僅顯示他的音樂天賦，更重要的是數理、推理能力也相當強。

看似隨隨便便地寫下，字形如線狀。這類書寫人只做自己喜歡的事情，具藝術家特質，往往以個人的喜好來做決定。

外形如數字 8。這類人具備較強的分析能力，在做出決定之前，必須要看到數據的支持。

小寫 s 字

草書由底而上的第一筆畫成一直線，字母的頂部呈尖角。接著的弧形筆畫剛好停在第一筆的斜線上，才回轉往右，然後以曲線完成最後往右的筆畫。這類書寫人，最喜歡以尋根究柢的方式來處理事情，認為只有這樣才能找到明確的答案。

底部筆畫如凹曲線狀，承載著字母上半部如半月形的形態。這類書寫人重視人際關係，因為他們渴望被照顧。因此做出任何決定時，容易受到他人的影響，常憑感受來做決定。

實例

I'll cross the stream, I have a dream
I heard, that you're settled down. That

這篇手稿內的字母 s 有不同的形態。s 的底部有小圈，亦有如心形的寫法。書寫人的知識與判斷力都源自對完美的追求，做事不單要合理，也要合情。關顧他人的感受，是為人處事的重點。

有目標、有表現

美國康奈爾大學數學系曾經於二〇〇三至二〇〇四年，在四萬個常用的詞語中，對英文字母的使用率作出統計。原來二十六個英文字母中，字母 E 的使用頻率最高，約百分之十二；居於次位的則為字母 T，約百分之九。雖然字母 T 只能屈居次位，但在筆跡心理學的界別中，若要選擇一個字母去解釋書寫人的性格特質與行為的話，最為分析師喜歡的莫過於字母 T，無論大寫 T 或小寫 t，雖然書寫筆畫只得橫與直兩筆，但多年來有不少筆跡專家為這一個字母寫成書。字母 T 的筆畫雖少，但寓意深遠。

我在二〇二四年出版的《筆跡心理分析之職涯規劃篇：你

找到合適的工作嗎？》一書中，曾經談過要看自己是否有能力成為公司管理層或領導者，就必須要看看自己所寫下的字母 T 形態如何。從西方四百多年的筆跡數據庫中，小寫字母 t 橫的一筆剛好落在垂直一筆的頂部，表達書寫人擁有高瞻遠矚的眼光和寬遠的性格特質。為《職涯規劃篇》進行的華人手寫字收集運動中，從不同公司領導所收集到的手稿中，重新印證這個來自西方書寫文化的特質。

回歸本源，字母 t 出現的原意是否帶有這樣的表示？創立於十八世紀初的塞爾維亞貝爾格勒大學（The University of Belgrade），其語言學院於二〇一四年出版一份關於字母 T 起源的研究論文。報告指出，字母 T 最早可以追溯到史前刻在石頭上的符號，也就是象形文字。那些符號被認為是箭頭或是雷電，即是字母 T 最原始的寫法。雷電或是那支箭是由天上哪位至高無上的神明發出的，各說紛紜。其中《聖經・約伯記》第三十七章第二至五節，就記載了雷電是由神所發出的：「聽啊，聽祂轟轟的聲音，是神口中所發的響聲。祂發響聲震遍天下，祂的閃電直到地極。隨後，人聽見祂的聲音，是那轟轟的聲音，祂發出威嚴的雷聲，而不加以遏止。神發出奇妙的雷聲，祂行大事，我們不能測透。」也有另外一個說法，就是箭頭符號所指的是日耳曼神話中的雷神。祂負責管理天氣，並保護人類與天上眾神。

說法雖然各有不同，先不論雷電是由何人發出，在這角度理解下，還是有共通的地方。天上的神明也有等級的區分，而相信為字母 T 的源頭表示，那一支箭或雷電是由最高級別的神明發出，暗示祂具有領導地位。這樣看來，在筆跡心理分析中以字母 T 表達領導者看來合理。

在腓尼基語中，字母原來只有二十二個，排在最後的就是 Taw，即字母 T。Taw 的意思是標誌或是提示牌，以兩條木條釘在一起，如十字形狀，用以標示農場的範圍。這樣的指示同樣有著主客之分，農場主人就是擁有土地的人，明示這個區域由他管理。

希臘人取 Taw 的讀音，並將之加入希臘的字母，同樣成為第二十二個字母。希臘人在字母的外形上稍作更改，讓形態更像現在的字母 T。當時研究神秘學的思想家通常以字母 T 象徵基督被釘在十字架。羅馬時期也採用字母 T，只是在讀音上稍作更改，與現在字母 T 的發音更相似。

或許可以這樣理解，從以上不同時期對字母T的使用方式，我們可以看到字母T至少代表一個重要且有責任感的人物，他具備較大的權力與能力。這個重要的人物要如何表現他的權力與能力，就要看他怎樣寫字母T。

字母T垂直的一筆，其實代表領袖。這個領袖不是任何人，而是自己。究竟能否成為領導，就必須先看「我」如何看待自己。字母T垂直的一筆代表自信，因此不能寫得太短，至少要有中區域的一倍，才算是合格。滿懷自信的人，昂然挺胸，堅定勇氣，為自己譜寫未來，所以垂直筆畫亦要寫得肯定。

至於畫在垂直筆畫上的橫筆，要留意的就是與垂直筆畫交疊的位置。位置的高度表達出你的想法有多遠。登頂的人高瞻遠矚；躲在中區域的人，在日常生活中有太多藉口，對自我能力設限，又或是面前的環境讓自己以為只能止步於此。所以字母T的筆畫，可以說是字淺義深。

那麼以下的筆畫形態，又暗示什麼呢？

大寫 T 字

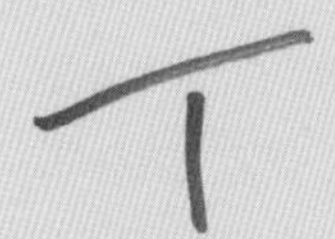

頂部的一筆與垂直那一筆並不相連，表達出崇高的理想。雖然會對外宣告，不過耐力不足，無法堅持到底。

頂部橫的一筆與下一個字母的上區域相連，表達書寫人處事小心，有個人理想。但必須要實在，才能感覺良好。在行動前，必須要清楚知道整個行動方案的優點及缺點，才決定如何往前行。

頂部橫的一筆如上上落落的曲線狀，暗示：人生在世最大的理想，莫過於「認真便輸了」。對他們來說，真正有理想的人，不需事事認真，輕輕鬆鬆，才能看得遠、看得清。無懼無畏，才是致勝的真理。

小寫 t 字

垂直一筆穿過頂部的位置，形成扁而小的長圈；而橫的一筆，在圈的底部交疊。表現出書寫人有想法，不過礙於太在意外界的評價，所以限制了自己的能力。

直筆相連在一起，形成如同星星的形態。書寫人為自己訂立理想之前，會先考慮自己的能力。因為要實現理想的話，就要想得清楚，想得實實在在，這樣才能成功。

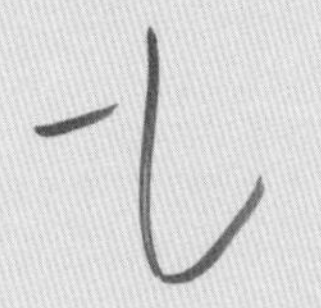

一般而言，小寫字母 t 橫的一筆與直的一筆是交疊在一起的。若兩者並無交疊，且留有空位，那就表示在寫字當下，我什麼也不想做，什麼也不想去參與，就是要告訴大家：「我不是領導，不要惹我！」

實例

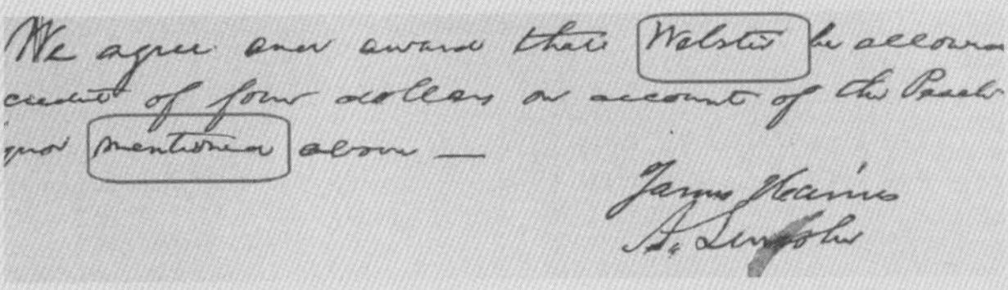
We agree and award that Webster be allowed
credit of four dollars on account of the
mentioned above —

這是美國前總統林肯（Abraham Lincoln）的手寫字。看到他所寫的字母 t 嗎？橫的一筆剛好落在垂直筆畫的頂部，這就是領導者的風格。

(圖片來源：https://upload.wikimedia.org/wikipedia/commons/6/6a/Abraham_Lincoln_and_the_battles_of_the_Civil_War_%281887%29_%2814576200788%29.jpg) *u v w*

建立人際關係與知識的傳遞

字母 U、V、W 在外形上有些相似，原來這三個字母來自同一個祖先，最早出現於古埃及時期的象形文字，在當時的意思是權杖或家禽。隨後，腓尼基人將象形文字納入腓尼基語中，只取發音 Waw。後來希臘人以 W 的形態為基礎，改造並創建另一個新的發音 U。而當時的伊特魯里亞人，又以發音 U 為基礎，創作字母 V。至此，字母 V 才真正誕生。到羅馬時期，依據字母 V，再進一步創造了字母 U 與字母 W。

另外一個版本，就是早在凱撒大帝時期，這三個字母之中最先有的是字母 U，但因為當時書寫的風格，使字母

U 的字形寫得比較尖，看來就像字母 V。大概也是為了方便刻在石頭的緣故，所以便將字母 V 當成最先出現的字母。其實字母 V 及字母 W 才是從字母 U 的基礎上創作而成。

第三個說法認為字母 U 與字母 F 都是同一個字母。希臘人從腓尼基語選取字母時，將字母一分為二：元音字母為 U；輔音字母為 F。根據第二與第三個說法，字母 U 似乎是三個字母中最先出現的字母，這樣的解釋相對合理。只是這三個字母在當時的意義，以及與筆跡心理分析的關係，尚待進一步考究。

在筆跡心理分析中，這三個字母的意義有一定關聯。字母 U 代表個人想法的開放程度；字母 V 則體現了個人的眼光與洞察力，也表現如何將自己的想法付諸於外在環境；字母 W 則進一步發展，反映他願意分享所學知識的程度，涉及個人的抱負。通過分享，個人的視野得以擴展。整體概念是從自我出發，推己及人，有助建立人際關係網絡與知識的傳遞。正因如此，不同的書寫風格，就有不同的暗示。

u	底部圓潤，左右的垂直筆畫比較平衡。這類書寫人能將所學的知識，運用於實際生活中。
u	起筆的一畫特別長，呈曲線狀。與人溝通的時候，通常將自己放在較重要的位置。
u	外形如彎彎曲曲的折線。這類書寫人溝通的時候，不容易表達自己的情感，說話實事求是。有時看來有點冷酷無情，但其實他們從沒有留意這個問題。此外，他們十分重視時間觀念。
u	將字母 u 寫成如頂部打開的字母 o。這類書寫人比較保守，不容易接受新事物，更遑論與外人分享想法。

字母 v

收筆的一畫往右延伸，轉角的位置呈尖狀。這類的書寫人思考靈慧，喜歡聽取意見。不過他會篩選當中有用的資料，沒有特別用處的話，其實聽不太進去。

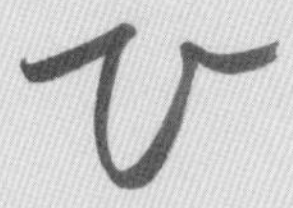

底部較圓，有點像字母 u。這類的書寫人對人特別友善，也願意跟他人分享想法。這種分享是雙向的。

外表看來並不像字母 v，像是隨意寫下。這類書寫人通常都沒有自己的立場和觀點，他們不是團隊中的追隨者，只是不想參與而已。

收筆時往上延伸，進入了上區域。這類書寫人具有創新精神，為人處事滿腔熱誠。

起筆的筆畫捲成一圈。這類書寫人特別重視責任感，若捲曲的起筆形成一個閉關的圓圈，那就表示：我是一個負責的人，假若圓圈是打開的話，就表示有責任心，不過或需協助才可以完成。

收筆時往右延伸，表示他學到的知識不一定會傳授給他人，在某程度上，他的自我保護感比較重。

底部呈尖角狀，其他筆畫比較平均與清楚。這類的書寫人是聰明一族，有清晰的思維，能夠將學識與能力應用於生活中。

底部為半圓狀，直線的筆畫比較輕柔。書寫人喜歡以親切的方式，與他人分享知識。

實例

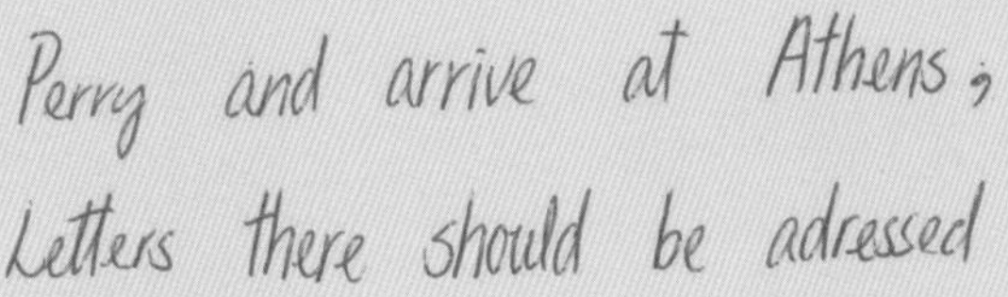

小寫字母 u 的形態，表達出書寫人是一個有規有矩的人，想法保守。
至於體現個人的眼光的字母 v，左右兩筆以微曲線為主，底部呈尖形。這類書寫人有自己的想法，但也會先考慮他人的感受，才決定應否表達。

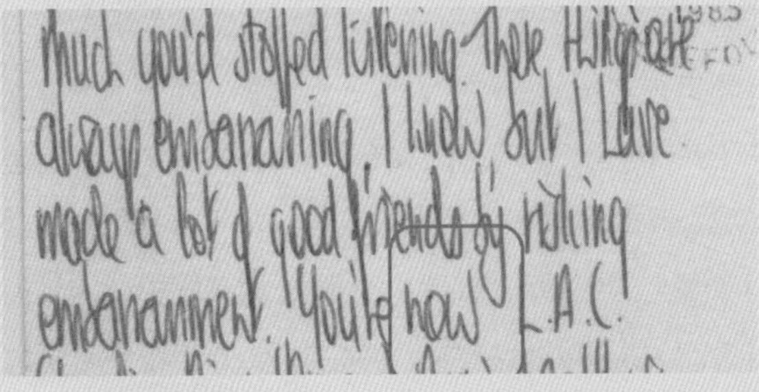

這是來自英國廣播公司服務最長的節目主持人 John Peel 的手寫字。字母 w 最後一筆往上延伸，底部呈半圓狀。這樣的書寫方式，表達了書寫人喜歡以親切的方式和他人傾談，不過個人想法對他來說屬私隱，所以不會公開與其他人分享。

(圖片來源：https://upload.wikimedia.org/wikipedia/commons/c/cd/John_Peel%27s_handwriting.jpg)

心靈平衡

午飯時間的中環街道熙來攘往，不少上班族為那短暫的午休時間來去匆匆。馬路上人多，車也多，加上不少停在路旁的七人車與忙著疏導的警察，繁忙的鬧市氛圍就是如此。可是晚間時分卻是兩極，我習慣在晚上九時後離開工作室，晚上的中環人少車也少，唯一與日間相同的是停泊在路邊的七人車並無減少。乍看之下款式差不多，最大分別應該是車牌號碼吧？

身為一位駕駛者，對於車牌比常人稍為敏感再也正常不過。過往曾聽過一個關於車牌號碼的說法：若偶爾在街上看到帶有自己幸運號碼車牌的車輛在身旁駛過的話，那就是上天要告訴你：「你今天做得不錯！」我不曾探究此說法的真偽，但能讓人開開心心地過一天，又何妨？

談到車牌號碼，就會想起香港車牌 XX 的故事。XX 字頭的出現，是當年簽發車牌的警司發現 HK 字頭已用完，便順手打兩個交叉（XX）。本來表示隨便用兩個字母，但負責發出車牌的員工卻誤以為是使用 XX 字頭。及後，XX 的字頭都用盡後，當局便決定由 AA 字頭開始，按英文字母順序發出車牌。這個美麗的誤會，成就了 XX 車牌的歷史意義。

另一邊廂，字母 X 在筆跡心理分析上有不同意義。其實每個字母都各具含義，當年負責簽發車牌的警司以 X 來表示未知，而學生時代，X 最常見於數學課本上。這是源於巴比倫人會將數學問題刻在黏土板上，板上的線條猶如 X 的形態，所以 X 代表算式中未知的答案。在完成算式處理後，又同時代表已知的答案。這樣看來，X 這個字母確是有點玄妙！

此外，字母 X 亦可以看成是停止或「不」的意思，背後暗示要保護與小心。或許背後有危險或困難，所以才需要保護。但其實當我們細心留意，X 這個字母形態全是開口，那是告訴我們無論有多少困難都總有出路。先停一停，再想一想，出路總比困難多，解決方法無處不在。

至於字母 X 的起源來自腓尼基語。有歷史學家認為，亞伯蘭蒙神召喚，到了迦南，使用當地的語言文字，再演變成往後的希伯來文。這個字母再被拉丁文採用，然後演變成英文字母的一部分。X 這個字母的歷史可謂源遠流長。

X 與希伯來文的 Samekh 同源，寫法雖不相同，但同樣表達支持與基礎的意思。Samekh 的形態如 Delta，呈逆時針方向的圓台狀。有說在猶太教的婚禮上，新娘要逆時針繞丈夫走七個圈，以表達對丈夫的支持和保護，以及二為一體的概念。至於 X 的形態雖不如 Samekh 的曲線，但向左與向右的兩條斜線互相依傍，在互信與平衡之下，築構起無堅不摧的的基礎。這正正反映在字母 X 的印刷體之中，兩條在中間交接在一起的斜線筆畫，無論從哪一個方向去看，又或者左右、上下反轉，看起來也是堅定不移的。

就此，我們所寫不同形態的 X 便都隱藏著不同的含義。較常見的寫法有以下幾種：

兩線寫得長度相若，角度左右平衡的人，做事不慍不火，恰到好處。為人心思細膩，心靈平衡，只是外表看來有點冷靜。

向右的斜線寫得比向左的線較長。這類書寫人有志氣，雄心勃勃，多希望自己有一番作為。相反，向左的斜線比右斜線較長的話，則比較好勝，雖進取但操之過急，略顯耐性不足。

左右筆畫並不相連，左邊與右之間留有空間，這種寫法加上其他筆畫形態的配合，有著不同的意思。其一，反映內耗的情況，內心深處不平衡，需要私人空間重新為自己思考。其二，處事欠精細，亦表達適應的問題。

實例

We expect Chas. E.
Tuesday Dr. L. McQ
Robt. Unger, Esq.
Y.X. Express" Tonight
@ 12.29 for tickets

字母 x 向右的斜比左邊長，暗示書寫人是一個有魄力、有進取心的人。

Y

自我意識的表現

我曾在《你是誰？我是誰？解讀人心的筆跡秘密》一書內，曾經談到親密關係是可以從字母 Y 中看到。其實每一個字母在不同的分析層面上，有著不同的意思。字母 Y 在筆跡心理分析中，反映一個人對自我的認同和看法。這種認同與看法在某程度上，源於個人的自律能力和滿足心靈基本需求的能力。

字母 Y 的來源可以追溯到腓立比語中的 Yod。這個字在討論大寫字母 I 時已經出現過，因此可以說字母 I 與字母 Y 之間存在特定的關聯。字母 Y 的形狀就像張開雙臂或舉起雙手，這種姿勢象徵付出與收穫，反映個體從自身出發的感受。同時，雙手向兩邊擴展也可能代表尋求指引，因為面前的道路可能有兩個方向。這種形狀不僅表示自我展現的意圖，也暗示著選擇的可能。進一步來看，高舉雙手更是走到眾人面前，展示自己能力的象徵。

從這個角度看，以下筆跡心理分析的解說看起來就合理了。字母 Y 的形狀和書寫風格顯示出自我意識、情感表達方面的特徵。因此字母 Y 不僅是一個字母，還承載著個體在生活中面對挑戰與選擇的反應。

字母 Y

下區域的筆畫轉回中區域時，中間部分或因提起筆尖，而令線條無法相連。這類書寫人非常情緒化，行為無法讓人估計。其實他亦不清楚自己的想法，只是面對不合意的事情，就不自控地由情緒主導。

垂直筆畫到底部時突然往右轉上，然後回轉往左，穿過原本的直線後再往右上。這類書寫人對金錢很有個人想法。

下區域部分呈螺旋狀。這類書寫人在待人處事上，通常都以自我本位為重。

原本垂直筆畫的部分先由中區域往右轉下，再返回中區域，當中形成一個很大的圈，稱為錢袋。這類書寫人特別喜歡處理金錢，也具備這個能力。

下區域部分只是一條直線。如果直線很短的話，就表達書寫人近期要處理的事很多，所以十分疲累。若是正常長度的話，那就表示以目標為本的處事心態。

下區域部分呈 U 形狀，表示書寫人具備決策能力，做事有始有終，屬於實幹型。

實例

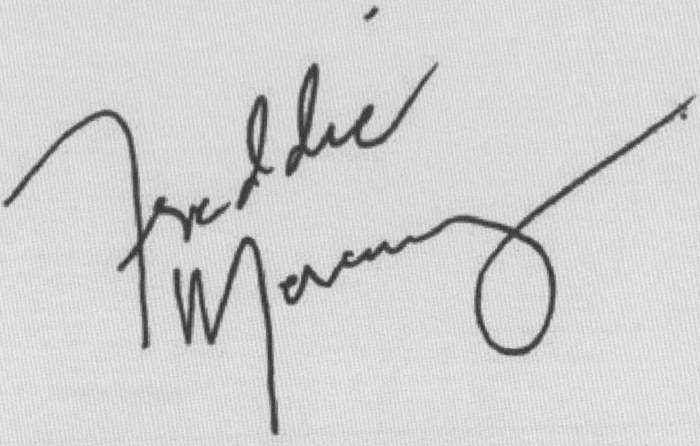

這是一代巨星費迪・墨格利（Freddie Mercury）的簽名，簽名最後的字母是字母 y。字母下區域的圈狀形態，就是常說的錢袋。

（圖片來源：https://upload.wikimedia.org/wikipedia/commons/9/9d/Freddie_Mercury_signature.svg）

4

觀其「字」，知其人？

字如其人

在過往的筆跡分析講座中，不少朋友最關心的莫過於「字要寫得美」。其中令我印象較深刻的是在一間小學舉辦的講座。結束時明明已是放學時間，卻有數個小學生拿著手寫的功課來找我。他們並不是問我從他們的字裡看出什麼天賦才能，而是問：「字要寫得美嗎？」

他們的筆畫流暢有道，比例協調；字能看得清楚，既舒服又自然，寫得不錯。只是我這樣的回答，只換來他們眉頭一皺，似乎對我的回應有所保留。於是我告訴他們，根據筆跡心理分析的定義，字寫得清楚、自然就是最美。看到他們臉上展現滿足的表情，似乎找到所需答案，他們說：

「那麼我回家就告訴我媽媽，筆跡專家說字寫得清楚、自然，就是美！」看來「字要寫得美」這種糾結，往往不容易解開。

正因如此，想跟大家分享我對寫字的看法。《說文解字》對「字」的解釋是這樣的：「字，乳也。從子在宀下，子亦聲。」意思是寶蓋下有子，即在屋內產子或滋養孩子。寫字如何與產子或養育孩子產生關係呢？這個解釋看來不易理解，許慎在《說文解字》的序裡這樣說：「倉頡之初作書，蓋依類象形，故謂之文，其後形聲相益，即謂之字。文者，物象之本；字者，言孳乳而寖多也。」意思是「文」先從象形個體而來，然後將不同的文以不同的方式，例如會意、形聲、假借等組合，產生為「字」。所以「字」的本身，就有從「文」繁殖與衍生的意義。《逸周書・本典解》說：「字民之道，禮樂所生」，這裡的「字民」指的是教育百姓。《尚書正義・卷十四康誥第十一》又說：「於父不能字厥子」，這裡的「字」意指撫育孩子。

從以上看來，「字」代表在屋內育子的意思並不難理解。通過文字，我們可以認知與理解不同資訊，豐富創意思維，協助人與人之間的溝通。我們亦會因此成長，開始有各自的生活作息與建立人際關係，所以「字」其實是養育生命的過程。

再說，人在不同的學習時期，因應腦部與肌肉的發展，需要學習書寫不同字。以書寫英文字為例，先是學習英文大寫，然後是小寫。待一筆一畫都寫得熟練與清楚後，再學習英文草書，將各個字母相連在一起。這樣筆畫相連的書寫方式屬於思維訓練，因書寫草書時需極為專注，才能將字母以筆畫連起來；同時強化學習者的思維，學會沿著思路，提出符合邏輯的推論。只要手未停，思考便不會停，所以思維敏捷的人寫字會比較快。寫字實際上同時在滋養著書寫人的成長。

看到這裡，大家或者會問：究竟是字滋養了書寫人？還是書寫的線條與方式表達了書寫人的成長？其實這些都不太重要，因為字如其人，每個人的字都是獨一無二的。線條背後正正記錄了書寫人的成長過程，透過筆畫表達出獨一無二的自己。既然如此，寫出來的字是醜是美，只是來自他人的評價。由它吧！重要的是你如何看待自己、愛自己，讓自己活得順心、快樂。

字帖的迷思

「字要寫得美」、「我的字寫得很醜」這些話，我們從小到大聽得多，說得也很多。究竟什麼是美？什麼是醜？在世人的腦袋中，總有一把名叫「標準美」的尺子，那麼怎樣才算是標準？

對於寫字標準的定義，相信大多數人會回答的字帖就是標準。這個答案看來合理，在美國一位專門研究書寫的學者，收過一份手寫字，原作者只得十歲。最獨特的地方，就是這名孩子在學習書寫的時候，從沒有受過字帖的訓練。他透過觀察家人的寫法來學習執筆書寫，他所寫下的字，與同年紀的小朋友所寫的字差異甚大。他所寫下的字母雖是清晰可讀的，但字母大小、結構比例、字母之間的距離、字詞的距離以及筆畫的顏色深淺沒有一致性，看來就像一位幼稚園學生所寫的字。然而一般十歲孩子所寫的字，無論是字的大小、結構比例、行距與線條顏色的深淺，都有較強的穩定性。而且平常十歲孩子已經學會書寫草書，但沒有經過字帖訓練的孩子會認為那是正楷字母的寫法。所以在外表看來，曾經受過字帖訓練的人，寫的字整整齊齊，讓人看得舒服，可以說寫得不錯、寫得美。這樣看來，字帖的訓練對「字要寫得美」的要求，似乎功不可沒。

換過另一角度看，自從我們開始學習寫字，就是對著字帖上的字形，依著線條一筆一畫地去寫。大家有沒有思考過關於「美」的想法？還是因為日復一日地對著字帖上的同一字形而「習慣」，便不自覺地生成了「美」的標準？

先將字帖的字形當成「美」的標準。大家先看看下面那些標準字帖，再想想標準美的問題，又有何想法？這些來自不同年代、不同國家的字帖，雖語言各有不同，但都是那二十六個字母。究竟哪一張才是真正的標準美？不同國家、不同時代都對美有不同的想法，這很大程度上反映了當地的民族特色與傳統。十八世紀德國哲學家赫爾德（Johann Gottfried Herder）形容為時代思潮，即是一個群體在特定時代，對外在環境的不同文化趨勢所表達的氛圍。特定的年代與特定的國家，因應特定的文化背景，在字帖的設計上各有特色，所以對美的標準就各有不同。再說，就算在同一國家，同一時期，字帖亦不止一個。所以字帖的風格各有差異，書寫形態亦各有特色，一直以來，亦無所謂的「標準美」。就如俗語所說：「各花入各眼，各有各精彩！」大概便是美的意思。

從筆跡分析的角度去想，我們從手寫字看出個人的性格特質。分析的起點，就是始於書寫人最初學習寫字所用的字帖。不同國家在不同時期，就有不同的字帖。在分析之前，必須要先了解書寫人最初學習寫字的地方與書寫人的年紀。因為年代不同，字帖也有別，這就是筆跡分析的基礎切入點。

就算身處在同一時代、同一地區，對筆跡一無所知的人常表示「字時常會變」。這亦非常合理，我們都是普通人，即使面對同個一人、同一件事，在不同環境與不同時間，我們的行為反應亦有不同，手寫字亦如是。就正如一個非常外向的人，總會有些時候想躲在家中，享受獨處帶來的愉悅。這是行為與外在環境所產生的影響，但外向的人依然會以對外為優先。人性本來複雜，除了身體機能以外，我們的成長、教育背景、教養、對不同事情的看法都各有不同。這些差異讓不同的人對待同一事情，演繹亦各有異。情況就如在同一時間，讓不同的人走進同一間餐廳，面對餐廳裡昏暗的燈光，有人會說氣氛很好；亦有人會說燈光太暗，看不清楚餐牌上的內容；更有人會說燈光能讓眼睛得到休息與放鬆，非常舒服。這就直接反映各人腦袋的資料庫，所儲存的經驗與資料各有不同，再加上思考模式與相關資料的擷取，導致對同一事情的不同演繹。

一九六九年奧地利提供的習字簿（圖片來源：https://upload.wikimedia.org/wikipedia/commons/7/79/Oesterreichische_Schulschrift_1969%2C_1_-_Steilschrift.tiff）

以筆跡分析、解讀人性，看似千頭萬緒，難以簡單言表，必須要以整全方式拆解與處理。筆跡從來不是單一的書寫風格，就等於風格各異的字帖正好協助解讀書寫人的文化與社會背景，讓個人的性格特質更加有跡可尋。

至於所謂的「標準美」，我認為可以分兩個方面來看。當所寫的字要讓他人閱讀的話，那代表一種溝通方式，所以必須要反映溝通所需要的特質：清清楚楚，字字清晰。另一種字是為了表達想法而寫的，就必須以整全方式去理解與處理。這些為自己而寫的字，無論寫得如何，都是表達著「我」，都是獨一無二的美，所以必須給自己一個讚！

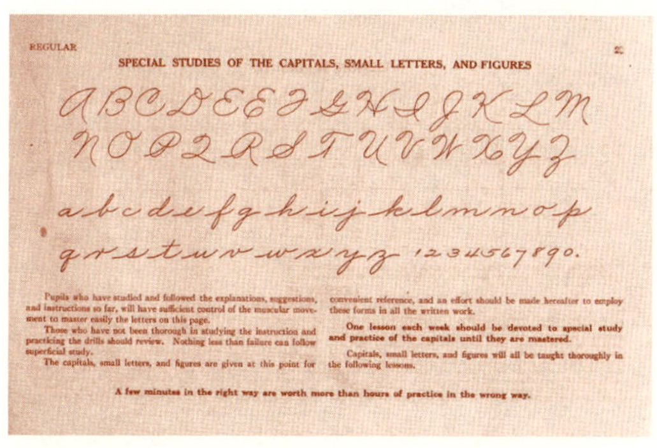
REGULAR

SPECIAL STUDIES OF THE CAPITALS, SMALL LETTERS, AND FIGURES

ABCDEFGHIJKLM
NOPQRSTUVWXYZ
abcdefghijklmnop
qrstuvwxyz 1234567890.

Pupils who have studied and followed the explanations, suggestions, and instructions so far, will have sufficient control of the muscular movement to master easily the letters on this page.

Those who have not been thorough in studying the instruction and practicing the drills should review. Nothing less than failure can follow superficial study.

The capitals, small letters, and figures are given at this point for convenient reference, and an effort should be made hereafter to employ these forms in all the written work.

One lesson each week should be devoted to special study and practice of the capitals until they are mastered.

Capitals, small letters, and figures will all be taught thoroughly in the following lessons.

A few minutes in the right way are worth more than hours of practice in the wrong way.

銅版體（圖片來源：https://commons.wikimedia.org/wiki/File:Palmer_Method_alphabet.jpg）

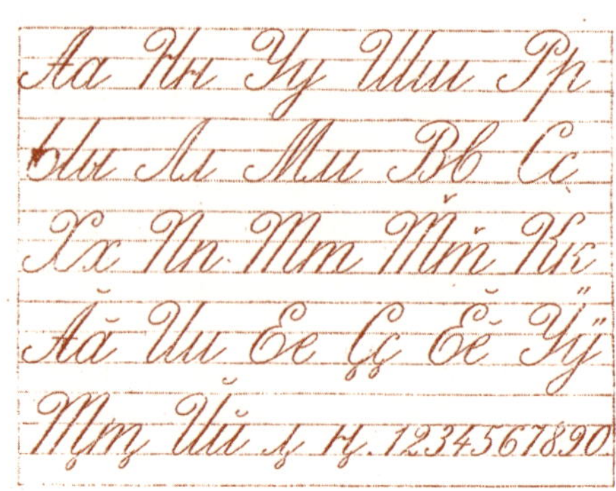

一八七三年楚瓦什字母（圖片來源：https://upload.wikimedia.org/wikipedia/commons/6/68/Chuvash_1873_alphabet_in_cursive_in_%D0%91%D1%83%D0%BA%D0%B2%D0%B0%D1%80%D1%8C_%D0%B4%D0%BB%D1%8F_%D1%87%D1%83%D0%B2%D0%B0%D1%88%2C_1917%2C_p._21.jpg)

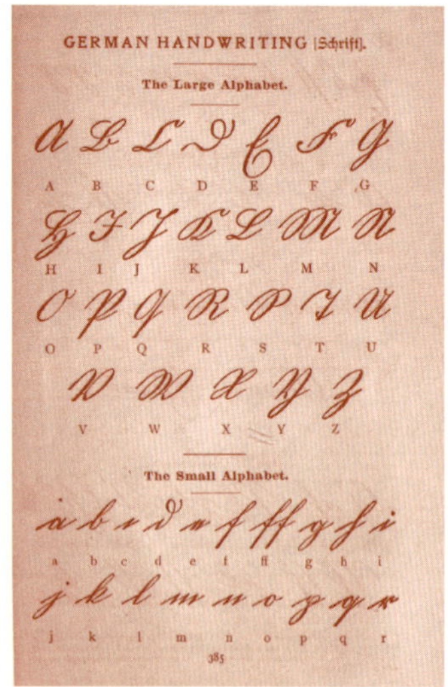

德國手寫字（圖片來源：https://upload.wikimedia.org/wikipedia/commons/5/59/19th_century_German_alphabet_written_in_handwriting_style_-_1.jpg)

文具控的內心密語

只要需要書寫，就需要文具！

我從第一天上課開始，書包裡就放了一個筆袋。袋中放著數支筆、橡皮擦、間尺、鉛筆刨……

年幼時，父母會為我準備上學用的文具。到中學，我開始對文具有了個人想法和喜好，放學後常到文具店逛逛看看，並選購自己喜歡的東西。日子久了，家中積存的文具比實際用的還要多。購買文具的習慣，即使長大後也沒有太大改變。

在工作間裡，我留意到同事的桌上除了放著公司提供的文具，或多或少也放了一些私人文具，當中尤以筆為多。一、兩支筆，本已足夠日常工作使用，筆筒裡卻插滿各式各樣的筆。明明已經很久沒有寫字了，偏偏卻是個文具控，而且往往見異思遷，停不了買筆的心。

你的桌上又有多少支筆呢？

職場上較多人用原子筆，藍色也好，黑色也好，大家都是跟隨規矩和制度而行，最明顯的例子就是填寫表格時需要使用藍色或黑色原子筆。而在筆跡心理分析中，我一般要求書寫人用原子筆寫字。不過要求也只是要求，最後收到的字，可能又是另一回事。所以說，書寫人用什麼筆寫字，我看到或感受到的，都是第一個性格傾向。

筆跡分析其實是數據統計。收到的手寫字越多，可用作證明的分析便越多，結論也會更明確。如果沒有足夠數據，從筆跡看到的是書寫人比較明顯的性格傾向，縱然不能深入了解，但日常交誼上還是有其可取之處。而書寫人，特別是成年人對寫字用筆的喜好，多少也反映其性格傾向。

比起原子筆，有些人更喜歡用鉛筆來寫字。從中又可以看到什麼呢？首先，鉛筆予人的印象很可能是孩童時期初學寫字，或學生時代寫功課才使用的文具，主要是因為鉛筆方便反覆修改。職場上也許有人是抱此想法而使用鉛筆的，這顯示他們信心不足，比較害怕出錯。

還有一些更深一層的意思。例如有人會使用零點三毫米或零點九毫米的筆芯，而不是常見的零點五毫米筆芯，由此可知他們的眼光略有不同。若不仔細比較零點三毫米、零點五毫米、零點九毫米的話，其實三者之間差異不大。但在他們眼裡，差一點點就是差一點點，他們絕不妥協。對寫字用筆如此執著，在在反映了他們看待人事物的目光相當銳利。

古代的書寫工具有紙、筆、墨、硯，統稱為文房四寶。今時今日，文具以方便為主，日常書寫，墨硯欠奉，紙筆沿用，只是筆的種類選擇更多。不同人有不同喜好，信手拿來一支筆，若非心頭好，硬要寫字，總感到不是味兒。

過往我處理個人筆跡心理分析個案時，有不少書寫人交來的手稿除了使用被要求的原子筆以外，還附加使用其他書寫工具。他們表示原子筆所寫的字與平日所寫的字並不相似，故此特意拿習慣用筆再寫一次，才感心安。由此可知，手感與觀感的背後也帶有一些情感。誠如書寫工具的選擇能反映書寫人的個性，所謂未寫先「判」，看書寫人對筆的偏好，大概能判斷其性格特質。

談過原子筆，再說說鉛筆。鉛筆種類繁多，習慣使用鉛筆的人，或因預計會有失誤。鉛筆便於修改，對自信心不足者而言比較「好交代」。而用鉛芯筆者，當中又有對筆芯的粗幼絕不妥協的精準要求。對於這兩類「鉛筆人」的習慣和心態，其實是較容易理解的。但鉛筆愛好者又豈止於此？完美主義者、有藝術眼光者，或對自己有點要求的人，他們選擇鉛筆時會有許多執著，例如會先深入了解製造鉛筆的工藝與鉛筆的質量，在經過多番嘗試與選擇後，便會慣性使用一款鉛筆來書寫。

在美國，曾有一款鉛筆於 eBay 創下單支售價四十美元的紀錄。這款鉛筆名為 Blackwing 602，被稱為「世界上最好用的鉛筆」。此鉛筆型號早於三十年代出現，在二十多年前停產。然而因其歷史價值與精細的工藝，Blackwing 的粉絲願意以高價收購此型號，亦因品牌深受歡迎，

Blackwing 於十多年前重新推出復刻版。

使用 Blackwing 602 鉛筆的人多為藝術家、音樂人、作家。著名用家有一九六二年諾貝爾文學獎得主約翰・史坦貝克（John Steinbeck）、美國暢銷書作家兼導演史蒂芬・金（Stephen King）、音樂人昆西・瓊斯（Quincy Jones）等等。根據動畫歷史學家 Charles Solomon 的說法，樂一通（Looney Tunes）的動畫創作人查克・瓊斯（Chuck Jones）在去世前曾要求以一支 Blackwing 602 鉛筆陪葬，可見這款鉛筆在動畫大師心中的地位。為何 Blackwing 602 能讓那麼多人情有獨鍾呢？我會以四個字形容：乾脆俐落！

除了原子筆與鉛筆，我遇過的個案中，更多的是喜歡使用墨水筆。墨水筆書寫原理與原子筆相似，唯筆芯內的墨水不及原子筆黏稠，寫出來的線條隨書寫人喜好，可粗可幼，可深可淺。喜歡墨水慢慢地從筆尖穿透紙張的人，多為性情中人，習慣感受先行。至於那些將線條演繹得粗幼有度的人，多少有美學要求，待人處事不愛拖泥帶水。

未觀其字，先看其行，看身邊文具控的選擇，其脾性已略知一二。你又喜歡選用哪些書寫工具呢？

Blackwing 602

書寫生物課

從筆跡分析推斷書寫人的性格時，我們通常關注筆畫、線條與個性特質的關係，但鮮有考慮這些筆畫線條為何能夠反映性格。書寫一直被稱為腦部寫作，代表書寫不僅僅是字母線條的組合，更是大腦活動的表現。在書寫的過程中，腦部的運作與個性特徵相互交織，揭示了我們的性格。因此了解書寫的本質，有助深入理解筆跡如何反映個人的內在特質。

創辦於十三世紀的法國土魯斯大學（University of Toulouse）曾發表一份關於腦部影像與神經系統疾病的研究，其中談及書寫行為與腦部運作的關係。書寫的時候，我們用手指握著筆，很多時候是手指，配以手腕及前臂的移動來完成動作。動作外表看來很簡單，但寫字不單是讓手上的筆桿在紙上遊走，眼睛同一時間更是看著紙張，思考有多少書寫空間，又應該怎樣編排內容，務求讓自己寫得稱心，又讓讀到這篇手寫字的人看得舒服。這個看似簡單的行為，所涉及的認知過程絕不簡單。單看書寫過程整合了視覺、運動與知覺功能，反映腦部不同功能區域的合作。芬蘭阿爾托大學（Aalto University）與于韋斯屈萊大學（University of Jyväskylä）共同發表的一份聯合論文指出，書寫過程會涉及大腦中的四個關鍵區域，包括梭狀回（Fusiform gyrus）、頂上小葉（Superior parietal lobule）、額下回（Inferior frontal gyrus）與左額葉（Left frontal lobe），分別負責識別字母與單字、肌肉活動與書寫的聯繫、書寫和閱讀字母編碼及字母形狀的檢索方式。雖看似複雜，但其實也只是顯示腦部在書寫時的功能安排。

法國土魯斯大學的論文更進一步指出，書寫涉及了十二個皮質和皮質下功能區域的神經系統，負責不同層面的資訊傳遞。總括而言，從執筆到寫下文字，主要是腦部左半球的網絡運動。簡單的書寫動作其實殊不簡單，不過這告訴我們另外一個事實，執筆書寫確實是一個非常好的腦部運動。要腦筋靈活，就要多執筆寫字。

美國約翰霍普金斯大學認知科學系（Johns Hopkins University）與加州大學舊金山分校精神科系（University of California, San Francisco）均進行了與書寫相關的研究。這些研究揭示了大腦左半球在書寫解碼中的作用，並指出不同個體對字母形狀的反應存在差異，從而影響書寫文字的形態。造成差異的原因有很多，雖仍待進一步確實，但其中視知覺不同的訊息傳遞方式較顯而易見。

文字與視覺

從了解腦袋跟書寫之間的關係，我們看到視覺對書寫的重要影響。書寫究竟是從執筆的那一刻開始，還是從腦袋產生概念開始？顯然，當我們將紙拿到面前，腦內已經開始安排進行書寫動作。至少我們會先選一張自己喜歡又或是合適的紙張，甚至是慣用的筆記簿，之後才會開始書寫。

習慣使用筆記簿的朋友通常會選用特定風格的筆記簿。有的人喜歡單行簿，有的人喜歡小方格，我的喜好就只有一款空白無間線的 A5 筆記簿。同一品牌的筆記簿曾經售賣過可以電子傳輸的半手寫、半電子版本。最初是為了寫稿，但版面上多了一些單行線條，書寫的時候總覺得不對味兒，沒有過往在無間線筆記簿上書寫的暢快感。結果我很快便放棄，重回無間線 A5 筆記簿的懷抱。

二十多年前，我特別喜歡在小方格的筆記簿上寫字。然而學習筆跡心理分析後，我決定改用無間線的筆記簿。起初我非常不習慣，拿起筆來總是糾結該從哪裡落筆，如何能夠寫出穩定的橫行，對於版面上其他空位又該怎樣處理。但這些無謂擔心其實都是徒勞的，經過多次練習後，一切漸漸變得自然。

這份對書寫的執著，看來與執筆寫字的動作並無直接關係，那只是視覺的問題。看得不順眼，書寫感覺不良好，就乾脆不寫罷了。這其實反映了通過視覺理解事物的能力。

談到通過視覺理解事物的能力，不能不提到二十世紀初在德國興起的完形理論（Gestalt principle）。這一理論由三位德國心理學家，包括馬科斯．韋特墨（Max Wertheimer）、科特．考卡夫（Kurt Koffka）和沃夫岡．科勒（Wolfgang Koehler），基於人腦運作的整體性原則而創立。簡而言之，人類的大腦能簡化複雜的訊息，然後重組和分類成有意義的部分。這些部分並不獨立，而是通過事物的整體性，特別是來自視覺的訊息進行解讀，即所謂不同部分的總和。

舉個例子，假設把一部介紹名人生平的紀錄片分為十小段，並讓不同觀眾分別觀看。每位觀眾根據所看的小節寫下感受。由於每個人所觀看的時間和內容不同，即使是平凡的人生，也有高低起伏，所以不同的人從不同的生命階段出發，感受自然會有所不同。當這些感受整合在一起時，所形成的體驗並不等同完整觀看紀錄片的感受。

這雖然是基於視覺的整體感受，但實際反映了大腦運作的自然邏輯。心理學家認為這樣的感知思維，讓大腦在面對圖像時會自動啟動整體思維過程。這種思維方式幫助我們在理解複雜的訊息時，將不同的部分連結起來，形成整體的共同要素。

文字是圖像的一種，德國哲學家、心理學家兼筆跡專家革拉格斯博士的人類性格研究理念亦建基於完形理論，他更以量化研究技術，針對筆跡與性格的關係，創立完形方法的筆跡分析系統。

在完形分析方法下，不同的筆畫線條雖各有性格表達上的意義，但個人性格並不等於各項性格特質的總和，這沒多大的意義，且當中總有些走在兩極的個性特質。這些性格特質就像一束雜花，包含了各種顏色和品種，沒有特定主題，最多只能稱為一束花，就像清明時節在街市可以隨便買到的雜花。花的種類繁多，不會帶來「順得哥情失嫂意」的麻煩。就如經過花店時，總能看到不同風格，預先包紮好的花束。有的以紅色或紫色為主，也有專為畢業或示愛而設計，各適其適，但各有特色。

從筆跡分析性格亦如是。在完形分析方法下，我們首先從整體出發，觀察不同筆畫之間有何關聯，然後根據主要的筆畫元素，進一步探索各筆畫之間的聯繫，同時亦抓緊細節。就像花店老闆為客人設計一束花的時候，會先選擇主題花或主題顏色，再配以其他相類近的小花與綠葉作陪襯，來豐富花束的內涵，花束的的主體亦隨之展現出來。以完形方法來分析筆跡，同樣通過分析筆畫線條與整體性，將獨有的個性表達出來。

每一個筆畫的形態與書寫方式的呈現，都揭示書寫人的情感與性格特質。透過這種整體觀察，我們能夠更深入地分析，並找到更具體的性格特徵。這不僅是一種技術，更是一種藝術，是一種將文字、心理學與視覺表達相結合，讓我們更深入了解自我，活出生命的藝術。

從筆跡與藝術
到療癒人生

文字的本源屬圖像，是建基於視覺的整體感受。在筆跡心理學的世界裡，執筆並不一定指寫字，在紙上塗塗畫畫，不同線條與圖形的組合，既是筆跡，也是藝術。從筆尖留下的痕跡，無處不在。

德裔著名美學家兼感知心理學家魯道夫 · 阿恩海姆（Rudolf Arnheim）在柏林大學修讀時，曾經跟隨創立完形理論的三位心理學家深入研究完形心理學，他將這一科學概念應用於藝術，強調圖像在傳達意義中的重要性。在《藝術與視覺心理學》中，他指出圖像就是用來傳達意義，欣賞藝術品時，觀者必須將作品視為一個整體，並探索各個元素之間的關聯。從視覺感知深入探索，能夠更好地理解藝術作品如何與觀者作出感知互動。

讀者可能會對藝術和筆跡之間的關聯感到疑惑，以及完形概念如何應用於這兩方面。接下來，我以本地設計師張溢軒先生（Alexander Arrow）的藝術創作與手寫筆跡，從筆跡分析的角度來看整體性。

在二〇二四年，上環西街有一個名為 Eyeconic「LookAtMe!」的藝術展覽，展品出自張溢軒之手。他早年於英國中央聖馬丁學院（Central Saint Martins）修畢傳媒設計碩士學位後，開始從事不同品牌的設計與產品開發工作，以及為家族的獎盃生意作業務拓展。他同時本著對藝術的熱情，致力進行藝術教育，先後在香港正形設計學院、香港知專設計學院擔任講師，現為香港中文大學專業進修學院的講師。「LookAtMe!」展覽源自其座右銘：「追求完美，擁抱不完美，持續保留童真般的想像力。」

童心往往最直接，能無畏無懼地表達個人想法和感受，保持對生活的熱愛。正如他以眼睛作為主要的設計元素，從眼睛看世界，就是最直接的自我感受。在筆跡心理分析的世界裡，不同圖形有不同意思，書者雖無心，但筆畫之間有著深層的意義。我在一本泛黃的筆跡字典中，看到形容以眼睛作繪圖主題的一段描述：「喜歡以眼睛作畫的人，對美有一份執著，喜歡色彩豐富且形狀獨特的事物，欣賞生活中的不尋常，與人與人之間互動帶來的心滿意足。」看到這樣的解說，再看 Alex 以不同圖案創作，配以絢麗的色彩，我多了一份感受與認同。藝術與筆跡心理學，果然關係非比尋常。

除了眼睛這個元素，Alex 的作品大多使用弧形線條。一般來說，喜歡書寫弧形線條的人都比較感性，情感特別豐富，有一顆善良的心，偶爾多愁善感。他們傾向以想像力且幽默的態度面對生命，重視人際關係，想法多以人為本。這次展覽上的所有作品皆以鏡子為載體，參觀者在欣賞展品之餘，亦可透過鏡子反射的影像，重新觀察自己和周遭的人與事。

藝術是個人情感的表達，反映創作者的獨特心意。從展品所見，此心意並非單向的情感表達，筆跡線條下所暗示的以人為本藝術家特質，持續地與參觀者互動。精神科醫生陳君訥亦為展覽撰寫短文，當中提到鏡子可令人看清自己外表的同時，亦可幫助參觀者產生覺察之心，觀照個人情感，促進心靈健康。藝術可以用來欣賞，也可用以療癒心靈。

讀者或許還有一個疑問：藝術展品的線條選擇傾向，與藝術家的手寫字會否有異？這能藉他所寫的「情緒」二字嘗試說明。中文字是由橫、直、斜、點的筆畫組合而成，但要從這個書法中找出這些的筆畫，似乎不容易，因筆畫全是弧形線條。藝術品與手寫字同出一轍，這就是筆跡分析中所觀察到的整體性。

雖然「LookAtMe!」的展覽已經結束，但對作品有興趣的讀者，可透過社交媒體（IG@alexander_arrow）繼續欣賞他的藝術創作。在此特別鳴謝張溢軒先生無私提供藝術作品與手寫書法，讓大家對文字、藝術與視覺之間的關聯，有更實在的理解。

(圖片來源：IG @alexander_arrow)

後記

傳承：將筆跡變為專業

英國筆跡專家公會確立了師徒制的學習方法，而我的筆跡學師父 Mrs. Ruth Rostron 是希利格老師的學生，她是首批考獲英國筆跡專家公會文憑考試的筆跡專家。畢業以後，她受到希利格老師的影響，積極參與公會的義務工作，尤其在文憑試課程與考試項目上，她擔任公會的教育部委員多年，退休前一直擔任公會主席。

Rostron 老師原是英國一隊管弦樂團的駐團樂手，由於對音樂藝術的鍾愛與工作的關係，她認識了不少音樂家，尤其喜歡收集他們的簽名、信件與各類文書手稿。整理這批手稿時，她漸漸從欣賞的角度，轉而對筆跡產生興趣。Rostron 老師當時對筆跡分析一無所知，於是她跟隨希利格老師學習筆跡分析，成功考取文憑以後，開展了她的第二人生，開始從事筆跡學的教學培訓工作與個人或企業諮詢。她整理並出版所學與研習筆跡的資料，讓公會文憑試的考生更容易理解考試要求。

我最初到英國叩門學習筆跡並不如想像中順利。筆跡學習是師徒制，並不是所有師父都願意收外國學生，尤其來自非英語系地區。當初 Rostron 老師願意收我為學生的原因，乃是她與香港的淵源。

當時，Rostron 老師所駐的樂團被邀請到香港大會堂演出。她曾經與她的丈夫（同團首席樂手）一同來港演出數次，數天的演出與在港的遊歷，尤其與香港人的溝通與交流，讓她對香港留下很好的印象與回憶。再加上希利格老師曾告訴她有教無類的重要性：知識之所以能夠傳承，不是在於突破地域的界限，而是如何讓有興趣的人參與其中，並研讀、理解當中的理念與真義，使人受益。於是，她收了這位來自香港的學生為徒，我亦自此展開了筆跡心理分析的正規學習。

我當年第一次將自己寫的字交給專家分析的經驗令我深受啟發，終生受用。當時我心中閃現一個念頭：為何這種能夠終身受益的知識，僅能應用在外國語言？中文書寫又該如何呢？這個想法一直伴隨著我，成為我繼續從事這項工作的動力。

隨著時間的推移，中文書寫分析項目已經開展了一段時間。期望未來能以中文書寫為基礎的筆跡分析系統，呈現於華人社會，讓這項知識變得更加普及，讓更多以中文為主的書寫人能夠受惠，幫助他們更好地理解自己，實現自我成長。革拉格斯博士將心理學與筆跡學聯繫在一起，深化了筆跡學的理論。筆跡分析不僅是工具，更是一種通往自我認知的途徑。希望透過這項工作，能夠激發更多人對筆跡學產生興趣，並促進其在華人社會的發展。

走進字母的軌跡：

從 26 個英文字母的筆跡分析性格特質

林婉雯 著

責任編輯　林可淇
書籍設計　studiominors

出　　版　P. PLUS LIMITED
香港北角英皇道四九九號北角工業大廈二十樓
20/F., North Point Industrial Building, 499 King's Road,
North Point, Hong Kong
香港發行　香港聯合書刊物流有限公司
香港新界荃灣德士古道二二〇至二四八號十六樓
印　　刷　美雅印刷製本有限公司
香港九龍觀塘榮業街六號四樓 A 室
版　　次　二〇二五年七月香港第一版第一次印刷
規　　格　三十二開（115mm × 188mm）二二四面
國際書號　ISBN 978-962-04-5685-5